Victor Auburtin · Archimedes und das Wasserklosett

Victor Auburtin

Archimedes und das Wasserklosett

Causerien
von der Reise nach Delphi

Verlag Das Arsenal

Ausgewählt und mit einem Vorwort von Peter Moses-Krause

Umschlag nach der Farbzeichnung *Grieche und Barbaren* von Paul Klee [aus Wilhelm Hausenstein *Kairuan oder eine Geschichte vom Maler Klee*, 1921 bei Kurt Wolff in München] © VG Bild-Kunst Bonn · Fronzispiz nach dem Gemälde *T'is living Greece no more* von William Turner, 1822.

Alle Rechte vorbehalten. © 2001 by Das Arsenal · Berlin
ISBN 3 931109 32 1

Vorbemerkung

Wenn man den »beleidigten Korrespondenten« Victor Auburtin in Frieden ließe, räsonierte Peter Panter alias Kurt Tucholsky 1914 in der *Schaubühne*, »wenn man ihm eine der ägäischen Inseln zum Wohnsitz anwiese – wer weiß, ob er eine Zeile schriebe«; er würde, glaubte der junge Spötter, »wie einer seiner Helden, langsam und wollüstiglich durch die Boskette wandeln, wobei er hier und da an einer Blume röche, dann würde er vor der klagenden Niobe stehenbleiben, um sie in aller Gelassenheit zu betrachten. Schreiben würde er nicht.« (Unausgesprochen, aber im folgenden, vor allem in der Bewunderung für Auburtins Geschichten aus der *Onyxschale* von 1911 unüberhörbar: *Leider!*) Aber Griechenland war für Auburtin noch nur ein Sehnsuchtsname, imaginäres Kataphygeon des gebildeten Europäers, kein realer Wohnsitz – Theodor Wolff hatte ihn als Korrespondenten fürs *Berliner Tageblatt* nach Paris geschickt, nicht nach Athen oder Saloniki; dorthin führte ihn erst eine einzige Reise zehn Jahre später, 1924.

So unrecht hatte Tucholsky nicht mit dem Schmäh vom »beleidigten Korrespondenten«, der Berlin nicht mochte und »Deutschland schon gar nicht«, weil sie für ihn ästhetisch und intellektuell eine ständige Beleidigung waren; und der aus seiner Unzufriedenheit heraus »so entzückend sehnsüchtige Angelegenheiten« schrieb, wie sie in diesem Bändchen versammelt sind.
Auburtins Griechenland: Causerien und Geschichten, in denen er »in Moll feststellt, wie es auf der Welt zugeht« (Tucholsky), Stoff für ein melancholisches *déjà vu* der menschlichen Geschichte und Parabel des Geisteszustands seiner Zeitgenossen. »Griechenland« ist die Bastion des Feuilletonisten, des Moralisten gegen die Barbaren (aller Zeiten und Nationen) und ihr Fortschritts-Alphabet

von Antisemitismus bis Wasserklosett: des Menschen gegen die Handwerker. Deshalb sollten jedenfalls die Dichter Griechisch können, »viel Griechisch«. (Dessen Elementarkenntnisse sie jedoch bei Gymnasialprofessoren erwerben mußten, deren arme Seelen am heimlichen Feuer der »Partikel bei Homer« warm wurden – oder die vielleicht, ohne mit der Wimper zu zucken im Vorkriegs-*Simplicissimus* Auburtins »griechische« Geschichten lassen ...)

Wie gesagt, erst 1924, von Mitte Januar bis Ende März, reiste Auburtin nach Griechenland; das *Berliner Tageblatt* druckte regelmäßig seine Reisenotizen, und im selben Jahr noch machte Auburtin daraus im Verlag von Albert Langen in München das Büchlein *Nach Delphi* (aus dem Sie eine kleine Auswahl im vorliegenden Bändchen finden – der vollständige Text ist einem späteren Band der Werkausgabe vorbehalten). Soweit gewissermaßen die »editorische Notiz«; aber da gab es etwas, einen winzigen Zwischenfall (vielleicht), und nur der Rede wert, weil zukünftige Auburtin-Philologen (das, was er am meisten perhorreszierte) damit ein Nüßchen zum Knacken bekommen und weil der ganz aufmerksame und informierte Leser darüber stolpern könnte: am 1. April 1924 veröffentlichte das *B.T.* die Reiseimpression »Marathon«, die ganz genauso auch in die Buchausgabe einging – mit Ausnahme eines Satzes; im Buch heißt es (auf Seite 53): »Immer hineingehauen in die persischen Monokelvisagen!«, in der Zeitung gab's diesen Satz nicht. Warum? Kam die große Wut erst danach über Auburtin, hat er den Satz in der Buchausgabe hinzugefügt? Das wäre ja nicht so undenkbar angesichts der »Perser«-Nachrichten in Deutschland und Europa im Laufe des Jahres 1924: Hitler vorzeitig aus der komfortablen Festungshaft in Landsberg entlassen, Giacomo Mateotti von italienischen Fascisten ermordet, Friedrich Meineckes Schrift über die Staatsräson und Auguste Forels Abstinenzlerschrift *Warum soll man den Alkohol meiden?* erscheinen, und sonstiges über den Triumph der Barbarei. Oder hat man im *B.T.* den Satz wegzensuriert? Von Fred Hildenbrandt, dem Feuilletonchef des *B.T.* in diesen Jahren, ist bekannt, daß er sich auch schon mal mit Alfred Kerr anlegte wegen eines Satzes, der ihm unpassend erschien – und die verlangte Streichung beim Chefredakteur Theodor Wolff durchsetzte. Möglich, daß hier Auburtin – neben Kerr und Alfred Polgar der dritte der »Götter« des *B.T.*-Feuilletons – gleiches passierte. Aus Rücksicht auf die Politik? Auf manche Leser? Oder weil man glaubte, den noblen Autor vor sich selbst schützen zu müssen? Ich weiß es nicht, aber Sie können den Satz hier (auf Seite 63) lesen, wie er im Buche stand.

Einmal noch vor seinem zu frühen Tod in Rom 1928 kam Auburtin auf Griechenland zu sprechen, im Vorwort zu seinem letzten Buch *Einer bläst die Hirtenflöte* [1928], um dessen Titel zu erklären; diese Athener Anekdote ist die Moral von der G'schicht – eben auch von diesen »griechischen« Geschichten, und deshalb setze ich sie zum Schluß hier her:

»Es war an einem Wintertage in Athen in einem kleinen Restaurant bei der Börse zu Mittag. Das Lokal war voll von griechischen Börsenmännern, die halbrohes Lammfleisch fraßen und dazu schrien wie die Besessenen. Sie schrien aber erstens, weil die Griechen immer schreien – man denke an Demosthenes, der sich Kieselsteine in den Mund steckte, um noch besser schreien zu können –, zweitens weil die Kurse wieder gestiegen waren und das Geschäft blühte.

Da trat in das Restaurant ein alter, bäuerlich gekleideter Mann ein, blieb an der Türe stehen und stellte vor sich einen kleinen Napf. Dann zog er aus einer Ledertasche eine Hirtenflöte, eine veritable Hirtenflöte, so wie wir sie von der alten Kunst her kennen, vielleicht zehn Pfeifenröhren aneinander gebunden.

Es war ein Urenkel des großen Pan da draußen, und er fing nun an, in den Lärm zu spielen. Stille, kurze Strophen von reiner Kadenz, aber man hörte ihn kaum, man achtete nicht auf seine Melodie, und sein Näpfchen bekam nur wenig. Ich sehe das ganze

Bild noch heute vor mir, es war sehr traurig, und wie alles Traurige etwas komisch.
Und weil das alles ungefähr so ähnlich ist – auch das mit dem großen Pan stimmt beinahe –, deshalb heißt mein kleines Buch so, und damit Gott befohlen ...«

Im Herbst 2001   P. M.-K.

Berliner Ausgangspunkt

Es ist an einem Novembertage in der Potsdamer Straße auf dem Omnibus. Zehn Uhr vormittags und wegen des Regens so finster, daß in den Läden Licht gebrannt werden muß. Man ist sich nicht klar darüber, was schlimmer aussieht, der Himmel oder die Erde. Die Erde ist mit einem kalten, schwarzen Schleim beschmiert; aber der Himmel seinerseits sieht aus wie ein alter, nasser Scheuerlappen. Und man denkt auf dem Omnibuss darüber nach, was unangenehmer ist, kalter Schleim oder ein nasser Scheuerlappen. Ein Proletarierwetter. Eine Gegend für Sklaven. Die Götter lieben dieses Land nicht und meiden es. Sie tafeln irgendwo am blauen Mittelmeer auf einer strahlenden Wolke und trinken goldenen Wein und sprechen weiche, leise, griechische Worte. Auch für die Völker zu ihren Füßen fällt etwas ab; ambrosische Brocken und die Splitter übermütig zerschlagener Kristallschalen fallen vom Tisch der Götter und liegen über seligen Ländern wie ein fernes Blitzen und Leuchten.
Warum wohnen wir hier unter dem Scheuerlappen? Im Süden ist freies Land genug, das wir bebauen und besiedeln könnten. Ich stimme für Bithynien. Laßt uns alle nach Bithynien ziehen, so wie wir sind. Wir könnten ja auch dort im Omnibus hin und her fahren; wir können ja auch dort ein Theater bauen und Stücke darin aufführen, die wir dann am anderen Morgen wieder verreißen. Aber es führe und verrisse sich lieblicher unter dem blauen Götterhimmel.
Indessen stehe ich vorläufig auf dem Hinterperron eines Omnibusses und fahre die Potsdamer Straße entlang. Hinter uns trottet eine Droschke durch den Schmutz. Der Droschkenkutscher ist ein alter dünner Mann mit glattrasiertem Gesicht und sieht aus wie der Dante aus dem Museum in Neapel. Wie ein Dante, der

einen lackierten Zylinder auf hat und dem der Regen von der Nase tropft, so sieht er aus.

Der Dantekutscher raucht eine Zigarre, während er so dahinfährt. Es ist zwar den Droschkenkutschern streng verboten, Zigarren zu rauchen, aber er tut es doch, denn dieses ist seine Lebensbejahung, seine Auflehnung, sein Dionysisches. Aber er paßt scharf auf, und seine Augen gehen nach rechts und links, ob nicht irgendwo ein Schutzmann steht, der die Zigarre erblicken und ihn aufschreiben könnte.

An der Straßenecke stehen gleich acht Schutzmänner auf einmal. Sie wachen darob, ob wir uns auch gesittet benehmen. Sie sind angestellt, uns im Zügel zu halten, falls einer von uns übermütig werden sollte unter dem Scheuerlappen. Falls einer von uns singen oder jauchzen oder jubeln oder sich sonstwie auflehnen sollte, dann sollen sie dieses unterdrücken. Dazu stehen sie, acht Mann, da mit ihren Säbeln.

Wie Dante sie sieht, nimmt er seine Zigarre schnell aus dem Munde und versteckt sie feige im Ärmel. Die Schutzmänner ahnen etwas, sie sehen ihn gräßlich an, und aus ihren Schnauzbärten trieft der Regen.

Nach Bithynien. Ich bleibe dabei: nach Bithynien.

Archimedes und das Wasserklosett

Warum hat Archimedes kein Wasserklosett konstruiert?
Sicher war er dazu befähigt, da er ja den archimedischen Satz – Kegel zu Kugel zu Zylinder = 1 zu 2 zu 3 – erfunden hat, benebst noch nebenbei dem spezifischen Gewicht. Und mehr braucht man nicht, um ein Wasserklosett anzufertigen.
Warum hat er es nicht getan?
Zu dieser Frage veranlaßt mich ein Artikel des Mister Th. A. Edison, in dem dieser bekannte Erfinder erklärt: die Griechen seien zwar ein sehr begabtes Volk gewesen und hätten in der Wissenschaft viel geleistet, aber das Höchste und Letzte, das Technische, hätten sie doch nicht erreicht.
Unter dem Höchsten und Letzten versteht Herr Edison zum Beispiel jenes Wasserklosett, ferner den Telegraph, das Telephon und so weiter. Alles das hätten die Griechen nicht geleistet, obgleich sie es konnten.
Sie waren allerdings ein fabelhaft begabtes Volk. Sie waren so begabt, daß wir Heutigen alle Bezeichnungen für Technisches aus ihrer Sprache entnommen haben. Elektrizität, Odol, Grammophon, Kino, all das sind Worte der Griechen, als ob diese Leute die modernen Errungenschaften schon vorausgeahnt hätten.
Und man kann sich in der Tat fragen, warum sie die Entwürfe nicht ausgeführt haben, deren Namen sie uns in so wohlklingenden Silben überlieferten.
Vielleicht wollten sie nicht. Vielleicht waren diese Verblendeten der Meinung, daß solche Werkzeuge und Bequemlichkeiten nicht das Wesentliche wären und nicht die Aufmerksamkeit des Geistes verdienten.
Sie standen auf ihrem Markt, zwischen den Fleischerbänken, und stritten sich über die göttliche Idee, über Kosmos und Chaos,

sowie über die letzte Verantwortung der menschlichen Seele. Sie bauten die ganze Mathematik aus und kamen nicht auf den Gedanken, diese Mathematik technisch zu verwerten.

Nun, dafür wurden sie, wie zu erwarten war, von den Römern ausgerottet, welche über einen vorzüglichen Park ballistischer Maschinen verfügten, und die ungefähr so dachten wie Mr. Edison.

Und was den Archimedes anbetrifft, so bekam er von einem Feldgrauen einen Hieb über die Denkerstirn, der ihm beigebracht haben wird, worauf es ankommt in diesem Leben.

Die drei Bilder

Der Bacchustempel in Mantinea war berühmt im ganzen Altertum, weil in ihm drei Bilder des Gottes angebetet wurden, nicht nur eines, wie sonst üblich war. Diese drei Bilder standen nebeneinander auf einem gemeinsamen hohen Sockel hinter dem flammenden und dampfenden Altare. Das eine bestand aus Marmor, das andere aus Bronze, das dritte aber war aus verschiedenem Material zusammengesetzt: Gesicht und Arme Elfenbein, die Augen zwei große Amethyste, das lange Gewand Silber und die Haare gediegenes Gold.

Die Rechtgläubigen brachten diesen drei Bildern die vorgeschriebenen Opfer dar, nämlich Wein, der mit Honig, Mehl und geriebenem Ziegenkäse vermischt war, und das Blut weißer junger Widder. Und alle drei Monate wurde zur Vollmondzeit im Tempel die heilige Nacht gefeiert, die Priester trugen in feierlichem Zuge ein großes aus Holz geschnitztes männliches Glied herbei und stellten es vor den Altar, und nackte Weiber tanzten mit aufgelösten Haaren.

Dann tranken sie den Wein des Gottes, und wenn die heilige Verzückung über sie gekommen war, warfen sie sich alle zusammen auf die Kissen unter den Säulen.

Und die Jahrhunderte vergingen, da kamen die Goten. Die waren fromme Christen, deshalb stießen sie die drei Götterbilder von dem Sockel herunter und machten sich gleich über den Bacchus [her], der aus jenen kostbaren Materialien zusammengesetzt war. Sie zerschlugen und zersägten ihn in kleine Stücke Gold, Silber und Elfenbein, die sie unter sich verteilten; die beiden Amethystaugen des Gottes aber behielt der Führer des Heeres Friedobald für sich. Bei einem geschickten Künstler ließ er zwei Ohrringe

daraus machen und schenkte sie seiner Kebse Minna, die bei den großen Ritten immer hinter ihm auf dem Pferd zu sitzen pflegte.
Und die Jahrhunderte vergingen, da kamen die Bulgaren. Die holten den bronzenen Bacchus aus dem Schutt hervor, schmolzen ihn ein und machten daraus scharfe Messer, mit denen sie den gefangenen Griechen die Ohren, die Nasen und die Lippen abschnitten.
Und die Jahrhunderte vergingen, da kamen die Archäologen. Die gruben den marmornen Bacchus aus und schrieben Doktordissertationen über ihn. Sie bewiesen, daß es gar kein Bacchus sei, sondern ein Hermes der Übergangszeit mit Anklängen an Polyklet. Besonders die Haltung des linken Beines und die kubische Form des Kopfes seien geradezu charakteristisch für Polyklet.
Auch gossen sie ihn in Gips ab; und das sächsische Unterrichtsministerium ließ ihn auf großen Papptafeln abbilden und in den Schulen aufhängen, als Lehrmaterial.
Da hing nun der Gott, allein, hoch an der Kalkwand und blickte mit seinen toten, furchtbaren Augen über die sächsischen Gymnasialschüler hinweg, die sich mit den Fingern in den Nasen bohrten.
So werden noch viele Jahrhunderte aufziehen aus der unerschöpflichen Tiefe der Zeit, und Welle auf Welle werden die Barbaren kommen, immer neue, immer wieder. Aber die Kraft und das Geheimnis des Gottes wird ewig bleiben.

Parthenon

Die athenische Stadtverwaltung hat beschlossen, den Parthenontempel in alter Pracht wiederherzustellen. Da aber Ausbesserungen jetzt sehr teuer sind – man erwäge, daß das Besohlen eines Paares Stiefel 180 Mark kostet –, wird die athenische Stadtverwaltung die ganze Welt um Unterstützung bei diesem großen Werke bitten. Bei jedem Gebildeten wird sie anklopfen und eine kleine Gabe fordern.

So wird sie wohl auch bei mir anklopfen, und das würde mir endlich die Gelegenheit geben, ein altes Schlageisen zu erproben, das ich seit Jahren unbenutzt in der Tasche trage.

Dieses Werkzeug ist ein halbes Hufeisen von einem Maulesel, das ich einst am Strande von Korsika gefunden habe. Ein sachverständiger Korse hat mir gesagt, daß ein halbes Hufeisen sich gut dazu eignet, jemandem unauffällig den Schädel einzuschlagen, und deshalb trage ich es gern bei mir, habe es aber bis jetzt auch noch nicht ein einziges Mal anwenden können. Wenn nun der Mann mit der Sammlung zu mir kommt, werde ich sehen, wie man ein solches Hufeisen handhabt. Ich glaube, es ist ganz einfach.

Selbstverständlich wird die Wiederherstellung des Parthenon nach den neuesten Errungenschaften der Wissenschaft vorgenommen werden. Also zunächst einmal polychrom. Die Kapitelle der Säulen und die – von Künstlerhand geschaffenen – Giebelfiguren ... alles schön blau und gelb in wetterharter Ölfarbe.

Auch wird man diesen Anlaß benutzen, um auf der Akropolis da oben, wo jetzt alles wüst durcheinander liegt, Ordnung zu schaffen. Kieswege, gärtnerische Schmuckanlagen und Bänke, die zum Verweilen einladen.

Jede dieser Bänke trägt die Inschrift V.V.G.A. (Verschönerungs-Verein Groß-Athen).

Mir ist es schon recht, weil ich dann vielleicht meine alte Unruhe loswerde.

Ich habe den Parthenontempel nie gesehen, und nun trage ich überall diese Sehnsucht mit mir einher, und die Selbstvorwürfe, warum man nicht hingefahren ist in den goldenen Tagen, wo es noch möglich war. Wenn das Haus der Athene aussehen wird wie der hygienische Pavillon auf der Gewerbeausstellung, dürfte diese Unruhe auf das erfreulichste verschwinden.

Ja, es wäre mir schon recht, wenn alle Kleinodien der unerreichbaren Ferne ähnlich betrachtet werden würden, also zum Beispiel die Alhambra mit stilisierten Kacheln ausgeschmückt, oder eine Radrennbahn neben den Tempel von Paestum gelegt . . . dann würde das ewige Heimweh nachlassen, und das Leben in Wilmersdorf wäre zu ertragen.

Sonst ist es nämlich kaum zu ertragen.

Götterschicksal

Es handelt sich um die thasische Aphrodite des Theages. Die Kunstgeschichte weiß von dieser Aphrodite nichts und kennt den Namen des Theages nun schon gar nicht. Aber darauf kommt es nicht an, denn was weiß die Kunstgeschichte überhaupt? Vielmehr war Theages zur Zeit des Alkibiades in aller Munde wegen seiner Liebschaft mit der Hetäre Xanthe, und es steht fest, daß er die Aphrodite von Thasos nach dem Ebenbilde dieser Xanthe entworfen hat in seinem Hause, bei einem großen Gastmahle.

Bei diesem Gastmahl war es hoch hergegangen, die Männer waren schon trunken und die Weiber schon nackt, und es ging gegen den Morgen. Sie lagen um den Tisch, auf dem die Lampen schwelend starben, und sie lärmten und sangen, die Xanthe in ihrer Mitte.

Aber merkwürdigerweise saß gerade sie aufrecht und hielt sich stumm und ernst, weil ein Schatten über ihre Seele ging. Da fiel es plötzlich jemandem ein, die Vorhänge der Halle zurückzuziehen, und die Morgenglut warf ihr rotes Licht in die Halle und beleuchtete die nackte Xanthe, die aufrecht am Tische saß. Sie schien in diesem Augenblicke wie ein Heiligtum aus schwerem Gold gegossen, und alle die hellenischen Zecher sahen nach ihr hin und wurden stumm und fühlten erschauernd die Nähe der Gottheit.

Theages aber rief ihr zu, sie solle sich nicht regen, schaffte schnell aus der Werkstatt einen Klumpen Ton herbei und formte sie ab, weintrunken, wie er war, und nackt und golden, wie sie war. Und das wurde nun jene Aphrodite, die die Thasier um zehntausend Drachmen kauften und in ihrem großen Tempel aufstellten.

In diesem Tempel stand sie, solange das Heidentum galt, und gab Orakel und heilte die Kranken, denen kein Arzt mehr half und die ihr ein tönernes Herz oder eine Schale reiner Milch darbrachten.

Im vierten Jahrhundert nach Christus wurde das Christentum auf Thasos eingeführt, und zwar durch den Bischof Eudoxius von Smyrna. Es war das jener Eudoxius, der in einer grundlegenden Schrift bewiesen hatte, daß der heilige Geist von dem Vater und dem Sohne gleichzeitig in Ewigkeit ungezeugt hervorginge, und der auf der Synode von Ephesus gefordert hatte, daß allen anders Denkenden beide Augen auszuschneiden seien.
Dieser Bischof kam nach Thasos, und als er die Aphrodite erblickte, befahl er, das Götzenbild zu zerschlagen und seine Trümmer auf die Straße zu streuen, damit die Füße der Marktleute über den hoffärtigen Frevel hinwegschritten. Drei sarmatische Infanteristen führten den Befehl aus. Sie zerhackten die Aphrodite zu ganz kleinen Stücken, und als sie dabei an gewisse Partien ihres ambrosischen Leibes kamen, da machten sie so ihre Witze und amüsierten sich sehr. Aber den Kopf ließen sie ganz, schlugen ihm nur die durchschimmernde Nase ab und warfen ihn auf einen Haufen Dung.
Auf diesem Dunghaufen hat der Kopf der Aphrodite zwölf Jahrhunderte lang gelegen in guten und in bösen Tagen. Während die Völker gingen und kamen, während nach Kaiserkronen gegriffen wurde wie in Träumen, währenddessen lag der Kopf Aphroditens auf dem Mist und sank immer tiefer. Denn Marmor ist schwer, und Mist ist leicht, und es kam immer neuer hinzu.
Im siebzehnten Jahrhundert kaufte der Schweinebauer Michaelis den Platz und ließ den Misthaufen abtragen. Als er den Kopf erblickte, erinnerte er sich, daß in seinem kleinen Schweinestall am Flusse unten eine Stütze für den Trog fehlte, der immer schief stand. Deshalb trug er den Kopf in den Stall, legte den Trog darauf, und seitdem hat Aphrodite noch zweiundeinhalb Jahrhunderte im Schweinestall der Familie Michaelis gelegen. Es war bei den Michaelis ein sehr großer Schweinebetrieb, die Muttersauen

warfen dreimal das Jahr, und die Ferkel wälzten sich und quiekten, und allesamt machten sie große, breite Fladen hin. Schließlich war von Aphrodite nichts zu sehen als der Scheitel und das rechte Auge, das aus dem Dreck hervorblickte und immer seinen Schimmer hatte, als sähe es noch die Röte jenes Morgens.

Am 4. Februar 1896 kam der Professor W. Zarncke aus Halle in Thasos an und frage die Bauern, ob sie nicht von irgendwelchen Altertümern wüßten. Da führte man ihn in den Schweinestall der Michaelis und zeigte ihm den Kopf der Aphrodite, von dem er eine Zeichnung machte und einen Artikel darüber in den Sitzungsberichten der Königlich Preußischen Akademie der Wissenschaften schrieb, mit der Überschrift »Über einen Artemiskopf aus der Schule des Lysippos«. Daraufhin wurde der Kopf von der Königlich Preußischen Regierung angekauft und nach Berlin ins Museum gebracht, wo er die Bezeichnung 274 b erhielt und eine große Meinungsverschiedenheit zwischen den Archäologen erweckte. Denn keiner der Gelehrten konnte der Auffassung des Professors Zarncke, daß es sich hier um einen Artemiskopf handele, so unbedingt beipflichten. Professor Poritzky (Bonn) war vielmehr der Ansicht, daß man hier eine Kopie der bekannten polykletischen Amazone vor sich habe; Professor Grimm (Berlin) wollte eher an eine archaistische Hera denken, während Geheimrat Professor Dr. Kistenmacher sagte, man müsse ja mit Blindheit geschlagen sein, wenn man nicht einsähe, daß hier eine minderwertige Nachempfindung der phroiasischen Pallas vorliege.
Professor von Bock steckte der Aphrodite einen Zirkel in die Augenwinkel, zog ihr ein paar Bleistiftlinien über die Stirn und erklärte, daß aus dem breiten, etwas zusammengepreßten Schädel auf die Schule des Skopas geschlossen werden könne. Aber Geheimrat Schubert war wieder anderer Ansicht, er tastete die Göttin ab und meldete dann, daß die schwammigen Fleischpartien am Halse und die weichlichen Fettpolster um die Augen herum auf ein Werk der späteren Dekadenzperiode schließen lasse.

Und sie trieben es so weit, bis die Göttin lebendig wurde. In einer stürmischen Frühjahrsnacht, als der Tauwind gegen die Fenster stöhnend drang, erwachte sie und rief laut in die Finsternis hinein: »Da waren mir ja die Schweine noch lieber.«
Sie rief es dreimal im besten Griechisch, aber man hörte sie nicht, denn es war niemand in der Nähe als der Museumswärter, und der schlief selbstverständlich.
Seitdem scheint die Göttin ganz dumm geworden zu sein. Sie sagt gar nichts mehr, sondern sieht immerfort mit verzücktem Liebesblick in eine Ecke, wo doch nichts zu sehen ist außer dem Körper der Zentralwarmwasserheizanlage.
Nächstens wird der cand. phil. M. Hanke über sie eine Dissertation schreiben, in der er beweisen will, daß es sich bei dem Kopf 274 b gar nicht um eine weibliche Gottheit handle, sondern um ein Jugendporträt des Kaisers Nero. Der cand. phil. Hanke will mit dieser Arbeit seinen Doktor machen; und den Doktor braucht er, denn dann kann er die dicke Selma Hempel heiraten, die einzige Tochter des Rentiers Hempel, die einmal das Haus an der Ecke der Kottbusser- und Lausitzerstraße erben soll.

Nacht in Athen

Zonaras (lebte von 412 bis 473 n. Chr.), Lehrer für Moralphilosophie an der Hochschule von Athen, beendete seinen Vortrag über den Nutzen der Tugenden. Er lehnte sich im Kathedersessel zurück und blickte träumend über seine zahlreichen Zuhörer hinweg, durch die Fenster des Saales, auf das ferne Meer. Fast schien es, als ob ihn dort weithinten die blinkenden Wimpel des Piräus mehr fesselten als der Vortrag, den er seinen Schülern gehalten hatte.

Dann raffte er sich wieder auf, hob den Stift in seiner Hand hoch und sagte mit strenger Betonung: »Und so wiederhole ich es euch zum Schlusse noch einmal: wir sollen die Tugenden der Mäßigkeit und Keuschheit nicht allein deshalb üben, weil das göttliche Gesetz sie uns vorschreibt, wir sollen sie auch pflegen aus Politik, um unsere Gegner zu beschämen und zu demütigen. Wie ihr alle wißt, ist diese abgöttische Stadt Athen noch immer und vierhundert Jahre nach dem Heilsopfer voll von den Anbetern des Antinoos und der Demeter, und sie führen ein wüstes Leben mit Trunk und Hurerei. Wenn wir nun rein bleiben, so werden sie sich darüber peinigen und grämen. Neid und Eifersucht wird ihre verworrenen Seelen erfüllen, und wir werden ihnen schon hier auf Erden die Qualen bereiten, die ihrer nach dem Tode in den höllischen Abgründen harren. Bleibt deshalb rein und nüchtern und klug wie die sieben Jungfrauen, um euren Feinden zu schaden.«

Aus der Mitte der Zuhörer erhob sich der blonde Eutyches und rief dem Lehrer zu: »Ich dachte, wir sollen unsere Feinde lieben und ihnen Gutes erweisen?«

Aber Zonaras achtete auf diesen Zwischenruf nicht, denn die Stunde war zu Ende. Er klappte das Buch zu, verließ die Schule und ging durch die abendlich geschäftigen Straßen der Stadt Athen bis zu dem Vorortshäuschen hinaus, in dem er wohnte. Dort hatte ihm seine Wirtschafterin schon das Abendbrot bereitet, das aus Linsen und Grütze bestand und aus dem sanften Öl der Athene.

Und eine Nacht kam über Attika. In den scharzen Gebüschen der Gärten ertönten die Laute der Zither. Hinter den Säulen entzündeten sich die Lampen des Festes und beleuchteten efeubekränzte Gesichter, die voll des großen Gottes waren. Fruchtschalen standen schwer, klirrend stürzte der Bronzebecher zu Boden, und stoische Philosophen rissen die Tücher von den Brüsten sechzehnjähriger Mädchen.

Am nächsten Morgen schritt Zonaras mit seinen Büchern unter dem Arme wieder zur Hochschule zurück durch die Straßen, die jetzt sauber und aufgeräumt dalagen. Beim megarischen Tore sah er einen Haufen Menschen stehen, die, wie es schien, einen am Boden liegenden Betrunkenen umgaben. Die Leute waren offenbar alle Heiden, und der Betrunkene mußte ein Christ sein, denn aus der Menge ertönten höhnische Zurufe wie: »Seht das christliche Schwein; seht die Hochmütigen, die besser sein wollen als wir.«
Und als Zonaras näher trat, erkannte er in dem Betrunkenen seinen Schüler Eutyches, der schmachvoll am Boden lag, halb gegen die Mauer gelehnt. Zürnend redete der Philosoph den Trunkenen an: »Habe ich es euch nicht erst gestern gesagt, daß ihr rein und mäßig bleiben sollt, um eure Feinde zu beschämen.«
Eutyches aber richtete sich auf, und unter dem Kranz hervor, der ihm tief in das triefende Gesicht gesunken war, antwortete er: »Was willst du Gottloser mit deinem Gerede von Feinden und von Beschämen? Gerade erst recht, weil du das gesagt hast, habe mich mit Absicht tief in den Wein getrunken. Um meinen heidnischen Brüdern eine Freude zu machen und damit sie über mich

spotten können. Ich will meinen Feinden nicht wehe tun, und ich glaube, es ist schlecht, besser zu sein als andere. So habe ich mich betrunken aus Barmherzigkeit, und in meinem Becher war Jesus Christus.«

Der Dreifuß der Helena

Ilion lag am Boden, und die griechische Flotte fuhr mit weit ausgespannten weißen Segeln nach Westen zu ab. Nur eines der Fahrzeuge hatte ein rotes Segel, und von allen anderen Schiffen sah das Seevolk auf dieses rote Segel hin; denn das war das Schiff des Menelaos, und auf ihm fuhr Helena nach Hause, um die der große Krieg gekämpft worden war.
Sie lag auf dem Verdeck auf Kissen ausgestreckt und sah nach dem Lande zurück, wo zehn Jahre lang die Männer Griechenlands und Asiens sich ihretwegen gemordet und verstümmelt hatten und über dem jetzt ein flacher brauner Rauch gebreitet war. Und als das Land im Meere verschwunden war, nahm sie einen goldenen Spiegel vor, öffnete die Lippen und betrachtete ihre Zähne, die klein und zahlreich waren wie die Zähne eines Hechtes.
Aber Zeus zürnte den Griechen und sandte jenen großen Sturm, der die Flotte zerstreute. Odysseus wurde nach dem Vorgebirge Malea verschlagen, Agamemnon nach Kreta und die anderen gegen das offene Meer. Das Schiff des Menelaos zog die roten Segel ein und wiegte sich im Wellensturm, und es war eine große Gefahr. Da rief Helena die Götter an und gelobte, wenn sie aus der Not entkäme, würde sie im ersten Tempel, den sie träfe, einen goldenen Dreifuß aufstellen. Und weil die Götter Helena liebten, wie sie immer nur das Schöne geliebt haben, glätteten sich die Wogen, und ruhig lief das Schiff in den Hafen der Insel Kos ein.
In der Hafenstadt ging Helena zu einem Goldschmied und bestellte einen Dreifuß aus Gold; oben um den Rand sollte eine Schlange liegen, deren Augen aus Smaragden einzusetzen seien; und die Füße sollten die Form von Tigertatzen haben. Die Arbeit dauerte einige Wochen, und während dieser Zeit mußte das Schiff des Menelaos in dem Hafen warten. Und als der Dreifuß fertig

war, trug Helena ihn mit eigenen Händen in den Tempel der koischen Aphrodite; sie stellte ihn vor den Altar, sah zu dem Bilde der Göttin auf und flüsterte: »Freundin.«

Jahrhunderte vergingen. Da fuhren die vereinigten Flotten der Athener und der Korinther gegen den Perserkönig aus und liefen den Hafen der Insel Kos an. Die Insel war feindlich und konnte deshalb geplündert werden, und die beiden Führer der Flotten gingen gleich in den Tempel, um sich die Schätze anzusehen. Der Führer der Korinther erblickte als erster den Dreifuß, faßte ihn erfreut und sagte: »Das ist ein gutes Stück, ich behalte es für mich.«
»Du hast gar nichts zu behalten«, antwortete der Athener, »ich bin der Oberbefehlshaber und entscheide über die Verteilung der Beute.«
Darüber entstand zwischen den beiden ein lauter Zank, der auf die Soldaten übersprang, bis es eine fürchterliche Prügelei wurde und die beiden Flotten sich trennten.
Das war der Anlaß zu dem großen athenisch-korinthischen Seekrieg, der sieben Jahre lang auf dem Inselmeere ausgefochten wurde. Die Häfen wurden verbrannt, die Männer ermordet und die kleinen Kinder als wertlos ins Wasser geworfen. Die Frauen aber führte man auf den Markt, und wenn eine von ihnen in ihrem Gram kreischend zusammenbrach, bekam sie einen Hieb mit dem Lanzenschaft über den Rücken.
So ging das um den Dreifuß der Helena; denn alles, was die schlanken Hände des ewigen Weibes berührt hatten, das mußte zum Hader führen und zu Verwirrung der Menschen. Schließlich sahen die beiden Staaten ein, daß der Dreifuß die großen Kriegskosten doch nicht wert sei; sie einigten sich also und riefen den Schiedsspruch des Delphischen Gottes an, wem der Dreifuß gehören solle. Und das Orakel antwortete: Gebt ihn dem Weisesten.
Da gingen die Griechen daran, den Weisesten unter sich herauszufinden, was aber keine kleine Sache war, denn es gab viele

Gelehrte in jener Zeit, und jeder hielt sich für mindestens so bedeutend wie die anderen. Ein Ausschuß wurde eingesetzt, der nach langen Beratungen den Dreifuß dem Philosophen Thales aus Milet zuerkannte.

Aber kaum war dieser Name öffentlich bekannt, so erschien in einem athenischen Verlage eine Flugschrift mit dem Titel *Thales ein Plagiator*, in der bewiesen wurde, daß Thales sein Hauptwerk von einem indischen Philosophen abgeschrieben habe ... Die Schrift war so überzeugend verfaßt und mit so vielen Belegstellen, daß der Ausschuß sich beeinflussen ließ und seine erste Entscheidung zurückzog. Er schlug jetzt den Philosophen Periander aus Korinth vor. Sofort kündigte der Professor Bias in Athen einen Vortrag an, dem er den Titel *Ein öffentlicher Skandal* gab, und in dem er ausführte, es sei geradezu unerhört, dem Periander den goldenen Dreifuß der Helena zu geben. Periander sei ein durchaus rückständiger und kirchlich gesinnter Mann und stehe auf einem Standpunkt, den die moderne Wissenschaft längst als erledigt erkannt und verlassen habe. Beispielsweise halte er immer noch an der irrigen Lehre fest, die Erde sei eine Scheibe, während man doch jetzt allgemein wisse, daß die Erde ein länglicher Zylinder sei. Periander antwortete in einem Gegenvortrag, und auch Thales schrieb eine Gegenflugschrift; andere Gelehrte mischten sich ein, drei Universitäten gaben ihre Gutachten ab, und die akademische Jugend brachte den beliebten Professoren Fackelzüge und den unbeliebten Katzenmusiken.

Helena wohnte damals schon längst im Olymp. Sie saß vor ihrem Spiegeltisch und rieb sich die Fingernägel mit elfenbeinfarbenem Puder. Hermes, der ihr um diese Zeit den Hof machte, saß ihr gegenüber und fragte sie: »Was sagst du zu dem Streit der griechischen Gelehrten um deinen Dreifuß?«

Sie seufzte leicht auf und antwortete: »Ach, es war doch hübscher damals in Troja, als noch wirkliches Blut floß.«

Korfu. Nach einem Gemälde von Joseph Schranz, um 1840

Ithaka. Lithographie nach einer Zeichnung von Otto Magnus v. Stackelberg

Das Ende des Odysseus

Die hundert Freier der Königin Penelope waren erschlagen, und ihre Leichen wurden, in Teppiche gehüllt, aus dem Festsaal getragen, einer nach dem anderen. Obgleich es schon gegen die Mitternacht ging, war das Haus nach dem furchtbaren Vorfall noch in voller Bewegung; die Fenster strahlten in die Nacht hinaus, und Diener liefen hin und her. Man hörte, wie in der großen Halle das Blut mit Besen über die Steinfliesen ausgefegt wurde.
In dem hell erleuchteten Schlafgemach lag Odysseus neben seiner Gattin Penelope. Und nachdem sie sich in Liebe wiedergefunden hatten, setzte er sich aufrecht und begann von seinem zwanzigjährigen Abenteuer zu erzählen; von Ilion, von dem Streit der Könige im Lager; von der Heimfahrt und den Wunderdingen der fernen See. Aber als er bei Scylla und Charybdis ankam, merkte er, daß Penelope neben ihm eingeschlafen war. Da dachte er: Die Arme hat heute viel durchgemacht, ich werde ihr morgen weitererzählen; und legte sein Haupt neben das ihrige auf die Purpurkissen.

In dem königlichen Palast war zunächst viel zu schaffen und zu richten, denn die jungen Leute hatten mit ihrem wilden Wesen alles in Unordnung gebracht. Odysseus entwarf einen Plan, ließ sich durch seine Verwalter Bericht erstatten und ging ans Werk.
Er ließ die große Halle mit neuen Marmorplatten belegen, um die letzte Erinnerung an den vergossenen Wein, aber auch an das vergossene Blut zu tilgen. Die Keller und Vorratskammern waren zur Hälfte leer und mußten neu ausgestattet werden; die Ölmühlen, früher ein Stolz der königlichen Wirtschaft, waren jahrelang nicht mehr benutzt worden, und ihre Wiederherstellung erforderte Zeit und Mühe.

Hinter dem Hause hatten die Freier einen großen Blumengarten anlegen lassen, zu dessen Besorgung ein syrischer Gärtner angestellt worden war. Dort wurden Narzissen und Nelken gezogen und jene hundertblättrigen Rosen, deren Zucht eben gelungen war. Mit diesen Blumen zierten die Freier ihre Festtafel und brachten große Sträuße der Königin, um deren Gunst sie warben. Penelope aber nahm diese Blumengaben gern entgegen und schmückte damit die Bronzevasen, die auf den Gesimsen ihres Schlafzimmers standen.

Jetzt ließ Odysseus den Blumengarten abreißen und legte an seiner Stelle eine Kohlpflanzung an mit zementierten Bewässerungskanälen, wie er es in Ägypten gesehen hatte. Die Kohlrüben schlugen gut an und gaben Viehfutter für einige Monate. Aber die Bronzevasen der Königin blieben von nun an leer.

Darauf hatte Odysseus sich während seiner langen Heimfahrt am meisten gefreut, wie er alle diese Abenteuer seiner Gattin erzählen würde und wie sie begierig an seinem Munde hängen würde, ihn mit Fragen unterbrechend. Doch er mußte bald erkennen, daß sie keine so aufmerksame Zuhörerin war wie die Phäaken, die zwei Tage lang seinem melodischen Bericht gelauscht hatten.

Wenn er Penelope zu erzählen begann, arbeitete sie schweigend an den goldenen Mustern eines Tuches oder blickte zerstreut durch das Fenster; einmal, als er eine Frage stellte, mußte er erkennen, daß sie die Lästrygonen mit den Lotophagen verwechselte; und das schmerzte ihn, denn er hielt auf die Genauigkeit seines Erlebnisses, das er um so mehr liebte, je ferner es wurde.

Nur wenn er von der Nymphe Kalypso erzählte, schien sie aufmerksamer hinzuhören. Und diese Teilnahme reizte ihn, so daß er jenen Teil seiner Irrfahrt ausführlicher schilderte: die einsame Insel, den wunderbaren Hain, in dessen Bäumen die Seevögel nisteten, und die duftende Grotte der Göttin.

»Wie lange bist du bei dieser Kalypso geblieben?« fragte sie ihn einmal.

»Sieben Jahre«, antwortete er.
Sie beugte sich auf die Arbeit nieder, und ihre Augen wurden dunkel.
Solange Odysseus fort war, hatte jeden Abend zur Stunde des Lichteranzündens das Fest der Freier in der großen Halle begonnen. Und Penelope hörte dann bis in ihr fernes dunkelndes Zimmer den Lärm des Gelages, den Klang der Flöte und die frohen Stimmen der Männer, die ihr ergeben waren. Manchmal war sie verschleiert und heimlich auf die Galerie gegangen, die oben um die Halle lief, und hatte hinter einer Säule her die Männer betrachtet, die auf vergoldeten Sesseln saßen: den göttlichen Antinoos, dessen Augen waren wie die Nacht, den vornehmen, schon älteren Eurymachos und Menon, der noch ein Knabe war.
Jetzt war die Flöte verstummt, und alles ging im Hause einen ordentlichen Gang. Aber immer wenn die Stunde des Lichteranzündens kam, wurde die Königin unruhig, und es schien, als fehlten ihr dieser Ton und diese fernen Stimmen, die jetzt alle gestorben waren. Und einmal konnte sie nicht widerstehen; sie warf den Schleier über wie damals und ging auf die Galerie und sah in den Saal hinunter. Da standen die vergoldeten Sessel in langen Reihen an der Wand, und jeder war mit einem Überzug aus grauer Leinwand gedeckt.
Und durch die Stille hörte sie von draußen die Stimme ihres Gemahls, der sagte: »Eumaios, du darfst die Ferkel nicht mehr in der Nacht draußen lassen; es fängt an, kühl zu werden.«

Einst, als bei Tisch einer jener runden Ziegenkäse aufgetragen wurde, die es auf allen Inseln des Mittelmeeres gibt, mußte Odysseus still vor sich hinlachen. Sie fragte ihn nicht, was er hätte, und so fing er von selbst an:
»Dieser Ziegenkäse erinnert mich an die Höhle des Polyphem. Er hatte davon viele Hunderte auf den Brettern, die an den Steinwänden entlangliefen. Und als wir nun, meine treuen Gefährten und ich, in die Höhle eingedrungen waren, da sagte ich ...«

»Mein Freund«, unterbrach sie ihn, »du scheinst nicht zu wissen, daß du mir diese Geschichte schon viermal erzählt hast. Ich kenne sie nun; wie ihr den armen alten Mann betrunken gemacht habt, wie ihr ihm – zehn gegen einen – sein einziges Auge geblendet habt, das habe ich öfter gehört, als mir angenehm war. Viel lieber möchte ich von dir erfahren, was du diese zehn Jahre bei Kalypso getrieben hast.«

»Sieben Jahre«, antwortete er.

»Gestern sagtest du zehn; du hast eben auf deinen Fahrten so viel lügen müssen, armer Freund, daß du auch jetzt die Wahrheit nicht mehr sagen kannst. Aber ob es nun zehn Jahre waren oder sieben, auf jeden Fall war es sehr lange, und du scheinst dich dort wohlgefühlt zu haben; also antworte auf meine Frage: was hast du diese lange Zeit getrieben?«

Jetzt hätte er antworten müssen: Weib, ich habe mich alle diese Jahre nach dir gesehnt; ich habe alle diese Jahre am Strande der fernen Insel gesessen, über das Meer geblickt und die Götter angefleht, daß ich nur noch einmal den Rauch deines Hauses sehen könnte.

So hätte er antworten müssen. Aber als er sah, daß ihre Augen kalt und hart auf ihn gerichtet waren, verschwieg er es. Und nie hat sie von seinem großen Heimweh erfahren.

»Ich habe dort viel Wein getrunken«, antwortete er ruhig. »Der Wein jener Inseln ist gut, wenn auch etwas sauer.«

Ein Jahr nach der Heimkehr des Odysseus starb sein Vater Laërtes. Das war ihm ein schwerer Schlag, denn er liebte den Greis, der ihm ein Freund gewesen war in dem verödeten Hause.

Auch war Laërtes der einzige gewesen, dem Odysseus von seinen Abenteuern erzählen konnte. Und ein farbiges Erzählen des Erlebten und des Erfundenen war ihm Notwendigkeit. Die alte Schaffnerin Eurykleia aber war taub, und Telemach hatte andere Sorgen. Deshalb hatte Odysseus gern im Vorwerk draußen bei Laërtes gesessen und mit lebhaften Gebärden von Riesen und Prin-

zessinnen erzählt, wenn er auch bemerken konnte, daß der Greis, schon abgewandt und verklärt, kaum mehr hinhörte.
Als er tot war, setzte ihm Odysseus unten am Meeresstrand ein Grabmal in Form einer Pyramide aus geschliffenem Stein, an deren Eingang zwei bronzene Mädchen standen. Dort saß er viel allein, in sich zusammengesunken. Er war jetzt fünfzig Jahre alt, und das goldene Lockenhaar, das Göttinnen geliebt hatten, begann zu ergrauen.

Um diese Zeit verabschiedete sich Telemach von seinen Eltern. Das unruhige Blut des Vaters regte sich wohl in ihm, auch mochte ihm die unbehagliche Stimmung im Hause nicht gefallen, und so tat er sich mit phönizischen Schiffern zusammen, die auf der Fahrt in das östliche Meer die Insel angelaufen waren.
Und vom Dach des Hauses, von wo man jenseits der bewaldeten Hügel das Meer liegen sehen konnte, blickte Odysseus dem Schiffe nach. Es war Windstille, und tagelang lag das Schiff an derselben Stelle des Horizontes; dann, als die Meeresfläche sich vom frischen Winde dunkelte, spannte es leuchtende Segel auf und zog den Erlebnissen der Ferne zu.

Jahrelang hatte Odysseus eine kleine, blaue Meeresmuschel bei sich getragen, die von der Insel der Kalypso stammte. Dort hatte er wieder einmal am Strande gelegen und über die spritzenden Wellen der Brandung hinweg sehnend in die Ferne gesehen. Dabei hatte seine Hand im Sande gespielt und die kleine Muschel gefaßt; seitdem trug er sie bei sich als Erinnerung an die Süßigkeit jener Stunden. Auch als er nach dem Sturm, der sein Floß zerschlug, tagelang auf dem Meere schwamm, war die Muschel bei ihm, in seinem Gürtel gewesen.
Penelope bemerkte bald das kleine Ding und wie lieb es ihm war.
»Woher hast du diese Muschel?« fragte sie ihn.
»Ich habe sie von der Insel der Kalypso.«
»Dann verstehe ich, daß sie dir so lieb ist.«

Er beherrschte seine Ungeduld. »Nein«, sagte er, »du verstehst nichts, du denkst alles falsch.«

Sie warf ihre Arbeit hin und ging zur Türe.

»Weib«, rief er ihr nach, »wollen wir uns nicht aussprechen; soll der Dämon des Mißtrauens sich zwischen uns setzen?«

Aber sie machte schweigend die Tür hinter sich zu.

Abends vor dem Schlafengehen legte Odysseus die kleine Muschel auf das Gesims neben sein Bett. Und als er eines Morgens aufstand, war sie verschwunden. Er suchte überall, während Penelope ihm schweigend zusah, und als er sie nicht fand, rief er die ganze Dienerschaft zusammen und versprach dem, der ihm die Muschel brächte, eine Mine Goldes.

»Brauche ich noch andere Beweise«, sagte Penelope, »nun zeigt es sich, wie sehr du an allem hängst, was dich an die Dirne erinnert.«

Da faßte ihn der Zorn. »Sie ist keine Dirne; sie hat mir geholfen in den Jahren der Not; und ich werde ihr meinen Dank bewahren.«

»Dank, ich weiß wofür«, sagte Penelope mit einem häßlichen Lächeln.

Odysseus bemerkte, wie ungünstig sie in diesem Augenblicke aussah, und wurde ruhig. »Du kannst das nicht begreifen«, sagte er, »aber ich werde mir die Heiligkeit meines Leidens nicht besudeln lassen.«

Nun blieb er tagelang allein unten am Strande der See zwischen den Klippen. In seinen Beziehungen zum Meere hatte sich eine merkwürdige Veränderung vollzogen. Zuerst, nach seiner Heimkehr hatte er das Gewässer nicht sehen wollen, in dem er so viel erduldet; damals pflegte er zu sagen, glücklich seiest du nur dort, wo die Leute das Ruder, das du über der Schulter trägst, für einen Spaten halten. Jetzt liebte er das Meer wieder und saß in den Steinen und lauschte auf das große Tönen der Brandung, bei dem ihm schmerzlich süß ein Gefühl der Kameradschaftlichkeit aufstieg.

Und da mußte er denken: wie hat sich doch alles gewendet; dort auf der Insel sehnte ich mich nach der Heimat; und nun ich die Heimat habe, sitze ich in der Wüste des Strandes zwischen den angeschwemmten Brettern der Flut und habe Heimweh nach der Heimatlosigkeit.

Aber in fabelhaftem Glanze leuchteten in seinem Innern all die Abenteuer der zwanzig Jahre auf. Und während das erlöschende Auge den Horizont suchte, flüsterten, nur für ihn selbst, seine Lippen unaufhörlich den unsterblichen Bericht: von dem Kampf der Könige, von der nächtlichen Schiffahrt durch die Meerenge und von den Inseln der Nymphen.

Blick auf Athen, 1800. Zeichnung von William Gell

Nach Delphi

Impressionen von der Hinfahrt Wer die Absicht oder die Mission hat, Griechenland auf dem kürzesten Wege zu erreichen, der muß durch ganz Italien hindurch ... Aber Italien ist sehr lang, und die Eisenbahnfahrt ist noch länger; so steigt man halt aus und sieht sich eine dieser alten Städte wieder an. Und bemerkt, daß himmlischerweise alles noch so ist wie damals.
Wird zum Beispiel ein Mensch durch Bologna durchfahren, ohne auszusteigen und einen Tag zu bleiben? Möglich, daß es andere können, ich nicht. Ich kann durch Bitterfeld durchfahren, ohne auszusteigen, durch Bologna nicht.
Denn Bologna ... welche Stadt, um dem durch tausend Gewöhnlichkeiten ermüdeten Auge neue Kraft zu geben! Um uns wieder zu erinnern an die heilige Pflicht der Form!
Nehmen wir einmal hier den Dom des heiligen Petronius, der eine der wenigen gotischen Kirchen des italienischen Landes ist. Keine Frage, daß unsere nordischen Kathedralen von Köln und Amiens inniger und heimlicher sind, daß sie einen stärkeren Zauber auf Herz und Phantasie ausüben; aber man beachte dafür hier, wie die krause gotische Formel zum Ausdruck von etwas Klarem gebraucht wird, wie die Linien sich weiten und festigen, wie an Stelle des Engen das Ungeheuere getreten ist. Gotisch, sogar in Backstein gebaut ..., und doch eine riesenweite Halle.
Graue Tauben gurren und flattern um die verwitterten Marmorgesimse des Doms. In dem stillen Hof sind Trümmer aus der Römerzeit aufgestellt. Ein Grabstein ist darunter mit einer langen Inschrift; aber man erkennt nur noch die zwei Worte: *Mater infelix*.

Erlebnis in Brindisi Ich habe mich in den Finger geschnitten und gehe abends aus, um in der Apotheke Heftpflaster zu kaufen.

Die Luft ist hier schon lau und das Wetter klar, und ein Blick auf die Sterne zeigt, daß wir unter einem anderen Himmelsstrich sind: der Löwe und der große Bär sitzen so tief, daß sie mit ihren Schwanzspitzen fast in das Wasser eintauchen; der halbe Mond befindet sich am Zenit und liegt, in ganz ungehöriger Haltung, auf dem Rücken.

Keine Apotheke zu finden. So wende ich mich an einen Bürger, der eine große Korbflasche trägt und deshalb Vertrauen erweckt. »Bitte, können Sie mir sagen, wo hier eine Apotheke in der Nähe ist?« – »Eine Apotheke? Aber mit dem größten Vergnügen, ich bringe Sie gleich hin.«

Ich lehne das höflich ab; aber er bleibt dabei. »Erlauben Sie nur, daß ich diese Flasche nach Hause trage, dann stehe ich ganz zu Ihrer Verfügung.«

Er führt mich an ein finsteres Haus und läßt mich draußen stehen; am liebsten wäre ich nun fortgelaufen. Dann kommt er zurück und führt weiter. »Sie sind ein Engländer?« – »Nein, ich bin ein Deutscher.« – »Bravo!« ruft er, drückt mir die Hand und beginnt nun mit lauter Stimme einen politischen Vortrag zu halten, dem ich schweigend zuhöre. Denn überall bleiben die Leute stehen und sehen sich um, und wer weiß, was das für Leute sind.

Die Apotheke ist voll. Der Bürger schiebt alle anderen beiseite und sagt zu dem Besitzer: »Mein Freund hier hat sich die Hand verletzt und will etwas Heftpflaster haben.«

In diesem Augenblick erhebt sich in der ganzen Apotheke eine allgemeine und lebhafte Diskussion über den medizinischen Wert des Heftpflasters. »Heftpflaster, Herr?« ruft ein Soldat und wackelt mit dem Finger vor meinem Gesicht, »niemals Heftpflaster auf eine Wunde, niemals Wasser, niemals Speichel.«

Nun bringt der Apotheker unter allgemeiner Spannung eine ungeheure Flasche mit einer braunen Flüssigkeit herbei; Watte wird gezupft, gläserne Stengel werden gereinigt; der Soldat hält meinen Arm und flüstert mir zu: »Es tut nur einen Augenblick weh.«

»Was kostet das alles?« frage ich endlich erschöpft.

»Kosten?« antwortet der Apotheker, »das kostet nichts; und wenn es morgen vormittag nicht besser ist, kommen Sie wieder.«
Nachher gehe ich mit dem Bürger ein Glas Wein trinken, und er erzählt mir alle seine Kriegserlebnisse ..., und wie ich wieder allein bin, kommt mir die Erkenntnis: man braucht nicht zu den Sternen aufzusehen, um zu erkennen, ob man unter einem anderen Himmelsstrich ist.

Ionisches Meer Wie ich frühmorgens das Fenster meiner Schiffskabine öffne, sehe ich dicht vor mir, so dicht, daß man hinüberschwimmen könnte, eine kleine grasbewachsene Insel. Auf der Insel steht, still und aufrecht, ein Hirt, und seine Herde schwarzer Ziegen weidet bis zum Wasser herunter.
Diese Insel, der Hirt und die Herde – das sind die ersten griechischen Dinge, die ich in meinem Leben mit eigenen Augen sehe. Und besser konnte es gar nicht anfangen.
Die hohen Schneeberge, die da hinanragen, das ist das Gebirge Akrokeraunos. *Akrokeraunos* ... man wiederhole sich das gewaltige Wort; *akros* die Bergspitze, *keraunos* der einschlagende Blitz.
Der Sprachreiniger würde es also wohl mit Gewitterberge übersetzen. Aber das griechische Wort ist schöner; es donnert mehr darin.

Korfu Mindestens drei Stunden Aufenthalt. Wir löschen Kühe und Automobile ... Diesem wirtschaftlichen Vorgang sehe ich nun schon zwei Stunden zu, vor der Insel der Phäaken. Eigentlich wollte ich hier den sechsten Gesang der Odyssee lesen, den schönsten Gesang dieses Buches und eine der sonnenvollsten Sachen, die Menschen gedichtet ... und ergebe mich nun doch dem Augenblick und dem heiteren Glück der Stunde. Das stumpfblaue Wasser ist so klar, daß man unter den schaukelnden Schiffen hinwegsehen kann. Und die ionischen Möwen kreischen.
Dabei glaube ich gar nicht, daß Korfu das Land der Phäaken ist. Nichts von dem, was hier zu sehen ist, paßt auf den homerischen

Bericht. Wenn Odysseus auf die Insel zuschwimmt, scheint sie ihm auf dem Meere zu liegen »wie ein Schild«. Ein schöner Vergleich, aber zu dem hochgezackten Korfu stimmt er nicht. Es muß eine zwar steilrandige, aber flach gewölbte Insel sein, wie es deren im Mediterraneum wohl gibt. Die Philologen sollten Umschau halten und immer nur recht fleißig Dissertationen schreiben.
Auch liegt Korfu zu nahe an dem bewohnten Festland. Ich habe nun doch im Buche nachgelesen: ausdrücklich steht da, daß die Phäaken weit von allen Menschen wohnen, als die letzten im viellärmenden Meer. Wer sie hier an der großen Straße der Schiffe sucht, der hat die Ferne und Meereseinsamkeit der Odyssee nicht mitgefühlt …

Seit vielen Jahren war es mein Wunsch gewesen, einmal eine Mondscheinfahrt durch das Ionische Meer zu unternehmen. Aber es ist immer etwas dazwischen gekommen. Nun ist die Stunde da … Das oberste Verdeck liegt im brennenden Mondlicht da; und ringsherum im Meere, nah und fern, schimmern die Inseln. Einige sind ganz tief eingetaucht. Andere hoch und licht wie aus Kork, und man glaubt, sie leicht schwanken zu sehen in dem zitternden Flimmern der Flut. Eine ist ganz klein und schwarz, sie liegt vor uns, als ob sie uns erwartete. Eine große, silberhelle verläuft endlos zu unserer Rechten. Und kein menschliches Licht, kein Boot auf dem Wasser; es ist das nächtige Meer der Götter, schweigend, reich an Geheimnis und auch an Grauen.
Ein Schiffsoffizier steht vorn neben der Kajüte des Kapitäns, bückt sich über einen messingnen Apparat und visiert etwas.
»Wo sind wir?« rede ich ihn an, als er mit seiner Arbeit fertig ist.
»Wir haben eben das Kap Ducado passiert.«
»Und diese Insel hier?« frage ich und zeige auf die silbergraue neben uns.
»Das ist Ithaka«, antwortet er.
»Ithaka? So! Sieh mal einer an. Wirklich äußerst interessant. Herzlichen Dank, mein Herr!«

»Bitte sehr, es ist gern geschehen.«
Noch schnell einen Blick nach dem Himmel, um für kommende Tage festzulegen, unter welchem Aspekt diese merkwürdige Begegnung vor sich gegangen ist. Der Siriushund springt hoch; alle die großen Bilder des Winters sind versammelt, und in den nahesten Mondstrahlen eingebettet glitzert die Brosche der Plejaden. Und nun wollen wir abwarten, wie lange das Gut dieser Stunde vorhalten wird für das Leben.

Endlich auf der Akropolis Wer jetzt die Akropolis besteigt, der geht nicht mehr die alte Straße, die der Zug der Athene damals genommen hat; aber er wird diesen Gang immer noch in einer Art von Festzugsstimmung unternehmen. Mit einem inneren Zimbelschlagen. Widrigenfalls ihm geraten sei, lieber unten zu bleiben.
Man bricht vom Verfassungsplatz auf, wo das Schloß der verkrachten Dynastie Glücksburg steht, und muß nun die Hälfte des Hügels umschreiten. Und sonderbar genug: je näher die Straße dem Ziele ist, um so mehr nimmt sie ein volkstümlich-religiöses Wesen an; sie gleicht ganz den Zufahrtsstraßen katholischer Wallfahrtsorte und Gnadenkirchen. Kleine Restaurants stehen rechts und links, und in Buden werden Früchte, Blumen, Bilder und geröstete Erbsen zum Verkauf angeboten. Der ungeduldige Wanderer wird an alledem vorbeieilen. Aber einen Strauß Narzissen kann er sich schon kaufen und mit hinaufnehmen.
Um etwas in der Hand zu haben.

Außerordentlich neugierig war ich nun darauf, welches das erste Gefühl beim Anblick dieses berühmten Parthenontempels sein würde. Es vollzog sich da ein kleines Drama. Als ich die zerschmetterte Treppe hinaufstürmte, über Marmorplatten stolpernd, und den Tempel noch nicht sah, da war es ein Taumel, denn, du lieber Gott, dieses ist ja der Weg auf die Höhe des Lebens. Aber wie ich nun davor stand, wurde alles still und rein; fast kalt.

Durchaus nicht etwa eine Enttäuschung; es ist ja viel, viel herrlicher, als Bilder und Beschreibungen erwarten ließen ... aber das deutliche, fast körperliche Gefühl, daß sich da im Innern etwas legt und beruhigt und anders wird.

Jedoch gehen wir erst einmal durch die Säulenhallen des Tempels. Wie der Schritt federt auf dem unvergleichlich herrlichen Stein; weich und fest zugleich. Wie man leichter und stolzer wird. Ach, wir schreiten nur viel zu wenig über pentelischen Marmor, das ist der Grund des ganzen Elends.
An einigen Stellen merkt man die Zerstörung kaum, nur die Verwitterung. Man hat die harfenklare Reihe der Säulen auf der einen Seite, die feste Steinwand zur anderen und sieht nun zwischen Säule und Säule, und zwischen Säule und Wand die ferne Gipfellinie der attischen Berge. Diese Säulen und diese Linien zusammen bilden anerkanntermaßen das schönste Ding der Welt. Der Baumeister des Tempels hat es so gesehen wie wir, denn nichts hat sich geändert; er hat seinen Tempel vielleicht auf diese Wirkung hin gebaut.
Alle großen Touristen der Zeit sind hier stehengeblieben. Hier hat Byron nach den kostbarsten Reimen seiner schwierigen Sprache gesucht. Hier hat Renan gebetet.

Nun weiß ich, warum dieses Werk hier so ruhig wirkt, warum der Schauder ausblieb, den ich erwartet hatte. Es ist nicht allein die Harmonie der Linie, es ist der Geist der Gottheit, die hier wohnte, und die der Künstler und das Volk durch diese klare geheimnislose Harmonie zu ehren gedachte: Athene, dieser Backfisch; die lanzentragende Göttin der Vernunft.
Man beachte gütigst, daß außer den Athenern kein anderes Volk auf den verrückten Einfall gekommen ist, die Vernunft als Gottheit anzubeten. Kein anderes; nur noch einmal die Pariser; als die Pariser ganz den Verstand verloren hatten, setzten sie die Göttin der Vernunft auf den Altar. Die Götter aller anderen Völker sind

Blick auf Athen und die Akropolis, im Hintergrund der Hymettos, um 1810. Zeichnung von Otto Magnus von Stackelberg

Die Bombardierung der Akropolis 1687. Zeitgenössischer Kupferstich

eifersüchtig, wild und voll Geheimnis, wie es sich gehört; mit innerem Widerspruch, daß jede Vernunft versagt und der Gläubige sich schaudernd beugt (1 + 1 + 1 = 1). Hier stand die Schützerin von Kunst, Wissenschaft und Gewerbe; die Erfinderin des nationalökonomisch so wichtigen Ölbaues und anderer nützlicher Institutionen. Leuchtend, schlank, liebreich; aber mehr eine kommunale Angelegenheit als ein Objekt des Gemütes.

Hier oben heißt es Farbe bekennen; vor der Göttin, der eulenäugigen. Wer sich hier in eine künstliche Ekstase hineinredet, der weiß nicht, wo er steht. Also geradeheraus: mein Herz ist im Dom von Freiburg voller gewesen als vor der klaren Folgerichtigkeit dieses Marmors.

Die Zerstörung des Parthenontempels ist einst – und zwar mit Recht – als eine artilleristische Leistung ersten Ranges angesehen worden.

Es waren die venezianischen Truppen – Bosniaken, Albanesen, Kroaten, Kutzowalachen –, die der General Königsmark kommandierte; General Graf v. Königsmark, Exzellenz. Die haben im Jahre 1672, oder so ähnlich, das Pulvermagazin, das in dem Parthenon war, hochgespritzt.

Am Abend des denkwürdigen Tages sandte der General seinen Heeresbericht nach Hause: »Unsere kutzowalachischen Batterien 1 bis 4 nahmen heute Stadt unter anhaltendes Feuer. Nachmittags 4 Uhr 30 Minuten gelang es dritter Batterie, durch wohlgezielten Meisterschuß Pulvermagazin, sogenannten Parthenon, Luft sprengen. Zwanzig Säulen erwähnten Parthenons eingestürzt, und ist derselbe hiermit als erledigt anzusehen. Gez. v. Königsmark.«

Darauf wurden zu Hause die Fahnen herausgesteckt; die Landesuniversität ernannte den General v. Königsmark zum Doktor der Philosophie honoris causa; und die Dichter schrieben, das Leben eines kutzowalachischen Komitatschisoldaten sei mehr wert als alle dorischen Tempel Griechenlands.

Aber nun ist das Wunder, daß selbst diese grauenhafte Tat hier auf der Höhe der Weisheit sich in Ordnung vollzogen hat. Ganz still und ruhig haben die Säulen sich zur Rechten und zur Linken hingelegt. Sauber, und fast witzig.

Um sich ein Bild davon zu machen, wie die Geschichte aussieht, nehme der Leser sein Dame-Spiel, stelle zwölf Damesteine zu einer kleinen Säule aufeinander und werfe dann die Säule um. Die Steine werden sich, wenn das Experiment vorsichtig vollzogen wurde, glatt in einer Reihe hinlegen. So liegt hier eine Marmorscheibe neben der anderen, man kann auch an aufgezählte Taler denken; und es scheint ein leichtes, Hebel heranzuschaffen und die Scheiben wieder aufeinander zu legen. Ob man das tun darf oder nicht, darüber streiten sich die Archäologen einerseits, die Künstler andererseits; und darüber soll bei Gelegenheit noch ein Wort gesagt werden.

Es war Sonntag vormittag, als ich oben stand. An diesem Tage kostet der Eintritt auf die Burg nichts, deshalb war es ganz leer. Ein paar griechische Matrosen mit ihren hellenischen Mädchen. Haubenlerchen huschen über den Boden, der Wind singt um die Säulen; ein brauner Falke streicht vorüber, er nistet dort unten im dritten Rang des Dionysostheaters.

Gegen Mittag fing unten in der Stadt eine Kirche an zu läuten. Diese Kirche heißt Panagia; und *Panagia* heißt auf deutsch: allerheiligste Jungfrau. Denn auch in den Gebieten der Gegenwart wird immer noch zu einer Jungfrau gebetet. Nur daß diese Jungfrau nicht die Lanze schwingt, sondern auf den Mosaiken dargestellt wird mit dem siebenfachen Schwert des Erbarmens in der Brust.

Dann stieg ein Zug von Pensionsmädchen durch die Propyläen herauf. Es waren Schwedinnen oder so etwas, und sie kamen, um die Altertümer zu besehen. Nun hatte es aber in der Nacht geschneit, und – eine Seltenheit in Attika – der Schnee war hier oben liegengeblieben. Und kaum hatten die Schwedinnen den

Schnee erblickt, so vergaßen sie die Metopen und Architrave; sie stürzten sich auf das heimatliche Element, und ihr Mädchengeschrei schallte um die dorischen Säulen. Und – ich verstehe mich auf dorische Säulen – die dorischen Säulen haben sich unzweifelhaft gefreut.

Schöner, nachdenklicher Tag – ein Tag ganz voll Jungfrauen –, sei bedankt.

Der Alltag in Athen Die Börse liegt in der Sophoklesstraße. Auf dieser Börse geht es ebenso stimmungsvoll zu wie auf der unsrigen; mit dem einzigen Unterschiede nur, daß hier die Baissiers Rosenkränze in der Hand tragen, während sie in Zementaktien handeln.

Doch haben diese Rosenkränze nicht etwa – wie man vermuten möchte – den Zweck, die Gottheit für das Geschäft zu interessieren; sie sollen vielmehr der inneren Gemütsbewegung ein Spiel geben. Immerfort gleiten die gelben und schwarzen Kugeln durch die Hände, und ein feines Ohr könnte schon an dem Klappern der Kugeln heraushören, wie das Pfund Sterling steht.

Als gestern das Pfund mit einem großen Satz um fünfzig Punkte stieg, klapperten die Kugeln besonders vergnügt. Denn auch darin ist es ebenso wie bei uns: wenn die heimatliche Banknote fällt, sagen die Geschäftsmänner, daß die Börse freundlicher geworden ist.

Wer hierher kommt, merke sich vor allem das griechische Wort für Pfund; es heißt Lira. Das, was wir Lira nennen, die italienische Münze, heißt Liretta. Lira und Liretta; es klingt wie Katze und Kätzchen.

Viele Banken befinden sich in der Aristidesstraße. Aristides, der Gerechte!

Der Grieche nennt aber ein solches Institut nicht wie wir Bank, sondern *Trapeza*, Tisch. Und das ist logischer, da ein gutterzogener Mensch das Geld ja nicht auf das Kanapee, sondern auf den Tisch zählt. Die einfachsten und häufigsten solcher Unternehmungen bestehen in der Tat nur aus einem kleinen Tisch, auf dem ein Glaskasten steht. In diesem Glaskasten liegen die Dollars, Pfunde, Kronen und Gulden, von denen du kaufen kannst, soviel du willst; auch goldene Ketten und Münzen; und hinter dem Tisch steht in seinem Paletot der Bankier und blickt den schüchternen Fremdling mit gewinnendem Lächeln an. Die Vorfahren dieser Bankiers schifften über das Inselmeer und handelten mit Bernsteinketten oder mit syrischen Mädchen. Jetzt ist das alles viel bequemer eingerichtet ...

Und selbstverständlich geht man jeden Vormittag auf den Markt. *Agora.* Bitte auf der letzten Silbe zu betonen; wie das klingt; wie es darin schreit aus der Ferne der Jahrhunderte bis zu uns.
Über diesen Markt schritt in härenem Gewande der Philosoph und suchte in dem vergänglichen Betrieb die Berechtigungen und Gleichnisse seiner Lehre.
Wahrscheinlich hat sich seit damals gar nichts geändert, nur daß die Männer Hosen tragen und Zigaretten rauchen. Die gebratenen Fische dampfen homerisch wie einst; jedermann schreit und tobt und vergißt darüber die statuenhafte Attitüde nicht: Knoblauche hängen von hoch herab in voller Girlandenlinie; ein junges Mädchen von fast unmöglicher Schönheit bietet drei lebende Hühner an, die sie an den Füßen zusammengebunden hat, denn der Süden ist grausam; ein altes Weib hat sich für ihre Suppe einen Bockskopf gekauft und trägt den Kopf an seinem Zickenbart nach Hause; und wieviel Arten von Würsten es gibt, kleine und ungeheure, das faßt man kaum.
Und wie einst Sokrates, der Sohn der Hebamme, so wandele wenigstens ich sinnend über den Markt und forme in melodischen Sätzen die Gedanken der Ewigkeit.
Überhaupt, wie freut der Altphilologe sich, daß er der geliebten griechischen Sprache nun ganz anvertraut ist und sich im täglichen Leben des Jota subscriptum bedienen muß ...

Wer hatte mir doch gesagt, daß Athen eine langweilige Stadt sei? Richtig, damals im Zuge nach Verona der Direktor der Zahnradbahnfabrik. Und der hatte von seinem Standpunkte aus wohl recht. Direktoren von Zahnradbahnfabriken müssen sich hier sehr langweilen.

Die Stadt ist entzückend. Sie sieht in ihren offiziellen Teilen aus wie München. Wie das alte, helle München von damals, bevor diese Stadt sich die Aufgabe gestellt hatte, Deutschland zu retten. Akademie, Museum, Schloß; im korrekten klassischen Stil der vierziger Jahre. Ein bißchen sehr korrekt, zugegeben. Aber hätte es anders sein dürfen? Ein gütiges Schicksal hat es so gefügt, daß Athen gerade in den vierziger Jahren aufgebaut worden ist, als in der westlichen Kunst die Säule wieder galt. So ist eine Art von demütiger Harmonie zu der Vorzeit entstanden. Es hätte ja auch im Rokoko wieder aufgebaut werden können. Oder 1900, von der Darmstädter Sezession. Ein gütiges Schicksal: man braucht sich über keine Geschmacklosigkeit zu ärgern, wie in Rom nur allzu oft ...

Wenn der Grieche von westlichen Städten spricht, sagt er: Europa. »Herr E. Venizelos hat die Absicht, nach Europa zurückzukehren.« Gemeint ist Paris.
Liebe Freunde, sage ich den Leuten hier, ihr geht damit ja völlig in die Irre. Vergeßt doch nicht, daß es Bürger dieser Stadt waren, die Europa erfunden haben. Wenn es jetzt in Deutschland und Frankreich anders aussieht als in Turkestan, so verdanken wir das den Athenern, die bei Marathon und dort auf der salaminischen See die Horden der östlichen Steppen aufhielten.
Gewiß, ich weiß, der Orient ist ja schließlich doch gekommen, auf anderen Wegen, und asiatische Religionen beherrschen die Welt. Aber es bleibt doch so; das bißchen Licht, das auf den kümmerlichen Planeten fiel, kam von dieser Ortschaft hier, die wir vielmehr als die Mutter- und Hauptstadt Europas anzusehen haben.

Eleusis Die Sonne geht für Athen hinter dem Berge Hymettos auf. Diesen immerhin beachtenswerten Vorgang, wie die Sonne hinter dem Berge Hymettos aufgeht, diesen Vorgang kann ich jeden Morgen von meinem Bett aus sehen. Langsam hebt Achill den spiegelblanken Schild hinter dem Berge hoch.
Dann stehe auch ich auf und öffne das Fenster und habe nun rechts von mir den Tempel Parthenon, der rot im Duft des Morgens dasteht. Vor dem Parthenon wiegt sich ein weißer Taubenschwarm auf und nieder.

Ginge es nach mir, so bliebe ich den ganzen Tag – die Essenszeiten natürlich ausgenommen – an meinem Fenster sitzen und betrachtete diese vier Dinge: den Berg, die Sonne, den Tempel und den Taubenschwarm, die meinem Tagesbedarf durchaus genügen würden.
Aber es geht nicht nach mir, sondern nach dem Leser, der einen Artikel über Eleusis wünscht. Und unten wiehert schon das Automobil.
(Doch sei, weil wir gerade davon sprechen, noch schnell eine Anmerkung über östliche Morgenröten eingefügt. Homer spricht von der rosenfingrigen Eos. Man hat sich über diese Bezeichnung viel philologische Köpfe zerbrochen und schließlich gemeint: in Griechenland sei das so, da gingen fingerartige Strahlen der Sonne voraus. Nun habe ich griechische Sonnenaufgänge auf der See und zu Lande gesehen und nichts von Fingern bemerkt. Der berühmte Ausdruck ist verfehlt; er ist nicht einmal schön. Der Dichter des Buches Hiob spricht von den Wimpern der Morgenröte. Das ist viel großartiger.)
Also nach Eleusis.

Jedem, der hierher kommt, sei geraten, die Tour nach Eleusis, die leicht und bequem auszuführen ist, nicht zu machen. Er wird mir für meinen Rat dankbar sein und mit einer reineren Erinnerung nach Hause zurückkehren. Der Oberlehrer, der im Gymnasium von Pirna seinen Obersekundanern in sächsischer Sprache von Eleusis erzählt, ist dieser Stadt näher als der Tourist, der sich in ihr selbst befindet.

Der Weg dahin ist freilich lieblich genug. Er führt durch die klaren Berge von Megara auf und nieder, und ist die alte heilige Straße der Pilger. Immer schön einsam, wie es sich geziemt. Stumme, fremde Vögel, die vor dem Wagen aufhuschen; lächerlich hoch bepackte Esel; Pferde mit bunten Emblemen gegen den bösen Blick.

Aber wer sollte denn hier einen bösen Blick haben! Im Gegenteil; die Bauernmädchen, die am Wege Kraut sammeln, lachen und grüßen herüber.

»Was sucht ihr da?« ruft mein Reisegefährte ihnen sprachkundig zu.

»Leontodon«, antworten sie. (Leontodon ist der wissenschaftliche Name unseres Löwenzahn. Die Bauernmädchen gebrauchen hier noch die wissenschaftlichen Namen der Pflanzen.)

Dort, wo der Weg das Meer erreicht, steigen wir aus und gehen den Strand der Schlacht von Salamis entlang. Wenigstens ein paar Schritte dieser Straße sollen nicht mit Benzin zurückgelegt sein. Da hebt mein Freund den Arm, zeigt über das stumpfblaue Meer und sagt: »Eleusis«.

Erschrocken fahre ich auf; und sehe da drüben einen Haufen von Fabrikschloten und Schuppen, in grauen und gelben Rauch eingehüllt. Das ist Eleusis, die Stätte der großen, mystischen Ekstase. Die Stätte der großen, mystischen Ekstase sieht ungefähr so aus wie Stralau-Rummelsburg.

Eleusis produziert jetzt Seife, Wagenschmiere, Maschinenöle, Kolophonium und, irre ich nicht, auch Schmirgelpapier. Gewiß, Seife ist eine nützliche Sache, obgleich Jahrhunderte, die sauberer waren als wir, die Seife nicht gekannt haben. Auch Schmirgelpapier mag zu vielen Zwecken gut sein, die mir unbekannt sind. (Ich selbst komme glänzend ohne Schmirgelpapier aus.)

Aber warum denn all das gerade hierher nach Eleusis? Warum sind die Seifenfabriken nicht nach dem Piräus gelegt worden, der eine große, prachtvolle Industriestadt geworden ist und in der niemand nach Verzückungen sucht? Es gibt gewisse Namen, die von der Spekulation – und darum handelt es sich ja – geschont werden sollten.

Sagen wir es einmal klar in zwei Worten: Kein verständiger Mensch leugnet den Wert der Maschine; ja, vor einer Schnellzugslokomotive empfindet man eine Art von erschütterndem Respekt, vor dieser Gewalt und Zielbewußtheit. Aber es bleibt doch so, daß die Nützlichkeit unfeiner ist als der Zierrat, und Grillparzers »Hero« ärgert sich mit Recht, wenn sie im Tempel einen Besen stehen sieht. Wer einen Rokokosalon besitzt, der stellt in diesen Salon keine Nähmaschine; denn die Nähmaschine ist nützlich, also gemein. Aber einen alten Spinnrocken kann er sich wohl in seinen Salon stellen. Der alte Spinnrocken ist kostbar, eben weil niemand etwas mit ihm anfangen kann.

Sonst ist dieses Eleusis ein ziemlich unerhörtes Trümmerfeld. Säule über Säule gestürzt; die Erde bis in die Tiefen aufgerissen. Zerschmetterte Cäsarenbilder. Schief stehende Altäre. Mit rasender Wut auf die marmornen Mäander losgeschlagen ... furchtbar hat hier der Kampf zwischen dem Heiligen und dem Gemeinen getobt; furchtbar ist die Niederlage des Heiligen gewesen. Diesen ewigen Sieg der Gemeinheit über das Edlere nannte der große englische Humorist Charles Darwin das Überleben des Passenden.

Viele Inschriften stehen da, und wir beiden Doctores phil. klettern herum und suchen sie zu entziffern. Unzählbare Inschriften, lang und gesprächig in ihren niedlich runden griechischen Buchstaben. Und doch: trotz aller Gesprächigkeit hat der Ort sein Geheimnis nicht hergegeben, und kein Mensch weiß bis heute genau, was denn eigentlich hier getrieben worden ist, und was der Kult von Eleusis gewesen ist. Millionen damaliger, verschollener Menschen sind in dieses Mysterium eingeweiht worden; sie haben geschworen, nichts auszuplaudern, und keiner hat den Eid verletzt. Sie haben alle dicht gehalten, die Braven. Am Rand der Erdspalten stehend, siehst du tief unten Gewölbe und Gänge, die in das Finstere verlaufen. Dort haben sie Sakramente zelebriert, deren Namen wir nicht kennen.

Und je mehr die Altertumsforscher darüber schreiben und je mehr sie Theorien aufstellen und neue Entdeckungen machen, um so dunkler wird es. Zwischen Wagenschmiere und Schmirgelpapier wahrt Eleusis sein Geheimnis. Und wartet vielleicht ...

Die Rückfahrt ist deshalb von Wichtigkeit, weil sie den Weg darstellt, den früher, vor Einführung der Eisenbahn, manche Reisende gezogen sind, wenn sie im Begriff waren, Athen zum erstenmal zu erblicken. Ich habe Athen schon gesehen, aber immer gibt die Rückkehr noch ein Gefühl innerer Bewegtheit; wie wenn man nach langer Zeit die Heimat wiedersieht.

Erst leuchten die Vorstädte links auf, Baracken und Arbeiterhäuser ziehen sich in die Länge. Dann steht plötzlich die Akropolis da, ganz fern, unscheinbar und rührend.

Mein Gefährte erzählt mir, daß Chateaubriand an dieser Stelle des Weges vom Pferde gestiegen ist und den Boden geküßt hat. »Wollen Sie es nicht auch tun?« fragt er mich.

O bitte, ich würde es gern tun. Aber ich schäme mich vor ihm; und noch viel mehr vor dem Chauffeur. Der besten Taten, die wir tun können, schämen wir uns leider allzuoft.

Winke für die Reise Es scheint, daß wir uns in einer neuen Völkerwanderung befinden. Wie damals im Jahre 350 n. Chr. die Chaucen, Bructerer, Heruler und Vandalen über die Alpen zogen, so brechen jetzt die Bautzener, Grimmaer und Kottbuser, der Valuta wegen, in das Land des Südens ein. Die Chaucen sind auch einer Art von Valuta wegen gekommen, doch werden sie dafür eine andere Bezeichnung gehabt haben.

Als ich mich in Berlin auf die Fahrt vorbereitete, ging ich zu Gsellius, um einige Bücher zu kaufen. Dort stand ein junger Mann von vornehmem Exterieur, der sich Reiseführer für Italien vorlegen ließ. Er hatte einmal etwas von Jacob Burckhardts *Cicerone* gehört und fragte nun den Verkäufer, ob von diesem Cicerone eine neue Ausgabe mit den jetzigen Hotelpreisen zu haben sei.
Als der Verkäufer diese Frage entschieden verneinte, war der junge Mann von vornehmem Exterieur verstimmt. In diesem Geiste werden die kunstreichen Länder am Mittelmeer jetzt häufig besucht werden.

Sehr bedauerlich, daß der Reisende gezwungen ist, in den Hotels die Pension abzuessen. Es ist nicht schlecht, aber doch immer nur die internationale *Soupe à la reine* sowie die *Petits pois à la Parisienne*. Man ißt es herunter und denkt dabei voll Sehnsucht an die kleinen Beisels, die hellenischen, da draußen in den heimlichen Straßen, die kennenzulernen nicht nur eine Freude, sondern auch eine Aufgabe wäre.
Ich habe die Schwierigkeit so gelöst: zuerst die ganze *Table d'hôte* und das Hotelmenü durchgegessen, weil es nun einmal bezahlt ist – »lieber den Bauch gesprengt, als dem Wirt was geschenkt«, lehrte uns unser guter Turnlehrer; dann den Mund abgewischt, hinunter auf die Straße und in die Bratküche, um noch einmal mit dem Abendbrot von vorne anzufangen.
Sankt-Peters-Fische: so genannt, weil es der Fisch ist, den Petrus mit zwei Fingern aus dem Wasser hob und in dessen Maul er den Zinsgroschen fand. Man sieht die Fingerabdrücke des Heiligen noch auf der rechten und linken Seite des platten Tieres.
Lammfleisch, vor deinen Augen am Spieß gebraten. Aber höchst bemerkenswerterweise liegt der Bratspieß nicht waagerecht, er steht senkrecht, und das Holzkohlenfeuergeglüh befindet sich seitwärts davon in einem kleinen Aufbau.
Rezinatowein, der wie ein Weihnachtsbaum schmeckt; Krebsgekrabbel; Muscheltiere, roh zu essen. Und um uns all die Griechen

und Armenier und Smirniolen; und die Gebärden und Laute der Fremde. Wer nein sagen will, legt den Kopf nach hintenüber. Den Kellner ruft man »Puhse«, auf deutsch *wo bist du?* Und der Kellner, der mich bedient, heißt Paris. Mit dem Ton auf dem *a*. Der bekannte Apfelmensch.
Zum Schluß des Gelages, wenn wir alle bei Mandarinen und Nüssen einen Heidenlärm machen, erscheint ein Greis, stellt sich neben der Tür auf und beginnt die Hirtenflöte zu blasen. Auch die Pansflöte genannt. Ungefähr fünfzehn Pfeifen, verschieden lang, sind in einem Halbkreis zusammengebunden. Der Greis schliddert mit den Lippen die Pfeifen auf und nieder und erzeugt die gewünschten Töne. Es sieht nicht schön aus. Es hört sich auch gar nicht schön an. Aber es ist die Pansflöte.

Meyers gründlicher Reiseführer – er erwähnt sogar die lesbische Liebe, allerdings ohne genauere Erläuterungen – Meyer also rät den hierher kommenden Deutschen, sie sollten nicht auf deutsch schimpfen, denn sie könnten verstanden werden.
Diese Ermahnung ist ganz ausgezeichnet. Sie ließe sich aber insofern ergänzen, daß weder auf deutsch, noch auf griechisch, noch in einer anderen Sprache geschimpft werden sollte. Erstens gibt es nichts zu schimpfen bei diesem geistreichen und gastlichen Volke. Zweitens sind wir Deutsche im Ausland nun allmählich beliebt genug.
Bemerkungen wie: »Ist ja alles ganz schön, aber mir fehlt mein deutscher Hochwald«, solche Bemerkungen, die der völkische Wanderer liebt, sind auf der Akropolis besser zu unterlassen.
Vielmehr die kurzen Tage sich ganz der Fremde anzuvertrauen, das wäre mein Rat. Und sich freuen, daß es noch etwas anderes gibt auf dieser Welt.

Das ägäische Meer Das Schiff, mit dem ich über das Ägäische Meer zu fahren gedenke, ist das langsamste von allen. Es legt in jedem Hafen an und braucht für die Fahrt fünf Tage.

»Wenn wir in Cavalla viel Tabak verladen müssen«, sagt der Kapitän, »können sogar sieben Tage daraus werden.«

»Ach, lieber Kapitän«, spreche ich beiseite, »möchten Sie doch noch niemals in Ihrem Leben in Cavalla soviel Tabak [zu] verladen haben wie jetzt.«

Eine Woche lang von der Welt abgeschnitten; jeder guten und schlimmen Nachricht unerreichbar; ohne Zeitungen; nur mit den edlen Namen der Inseln beschäftigt; dem Klang der alten Verse nachhorchend, die aus dieser Welt aufgestiegen sind.

Was Horaz von der einen dieser Inseln sagte, sollte eigentlich im Original hergesetzt werden; doch wollen wir es der Bequemlichkeit halber übersetzen: »Und trotzdem möchte ich dort leben; die Meinen vergessend, von ihnen vergessen, fern vom sicheren Boden dem Rasen des Meeres zusehen.«

Samothrake Wie gut hat der Himmel das gefügt, daß die Dinge fast immer ganz anders aussehen, als man sie sich zu Hause gedacht hat. Denn sonst lohnte sich das Reisen ja kaum.

Für gewöhnlich dürfte der Mensch sich die griechische Inselwelt und Griechenland überhaupt als etwas Liebliches vorstellen: milde mäßige Hügel, sonniger Fels und schattige Höhle, für Daphnis' und Chloes Liebesspiel geeignet.

Und nun ist es ein riesenhaftes Gebirgsland. Schon wer in Patras zum ersten Male griechischen Boden betritt, erschrickt fast vor den gewaltigen Bergen, die drüben jenseits des Golfes in Lokris stehen. Und diese Inseln mit den Hirtennamen, Thasos, Mytilene: schneebedeckte Bergketten. Das Samothrake hier, um das wir seit einem halben Tage im Sturm herumlavieren, das ist wie die Schweizer Jungfrau mitten in das blaue Meer gesetzt. An der Wand dieser Berge stand im strahlenden Licht jener Zeit, die Flügel über das Meer gebreitet, die Nike, die jetzt in den Gewölben des Louvre konserviert wird.

Dedeagatsch Acht Stunden Aufenthalt, um wieder einmal Tabak zu verladen. Das Schiff besteht überhaupt nur noch aus Tabak; alles für die Tschechoslowakei.
Dedeagatsch? Wo hat man den barbarischen Namen schon einmal gelesen? Richtig: in der neuesten Weltgeschichte hat man den barbarischen Namen schon einmal gelesen. Wo soll man ihn sonst wohl gelesen haben! Türken, Griechen, Bulgaren haben sich einige Jahrzehnte lang um diesen Ort herumgeschlagen. Jetzt besitzen ihn die Griechen. Das heißt, sie haben nur die Stadt, die Berge dahinter gehören dem bulgarischen Nachbarn und Freund.
Also schnell eine Barke genommen und hinübergefahren. Wollen doch einmal sehen, wie solch Ort ausschaut, um den sich die Völker jahrzehntelang herumgeschlagen.
Viele Hunde und Katzen auf den Straßen; Schweine und Ziegen; auch hier und da ein Mensch. Nur am Hafen wimmelt es lebendig, da wird gehämmert und gebaut. Aber es ist gar kein richtiger Hafen; eine winzige Mole schützt die Fischerboote; die Dampfer schaukeln draußen auf der offenen Reede.
»Sehen Sie«, sagte mir hinterher an Bord der Schiffsoffizier und zeigte hinüber, »wenn der neue Weltkrieg einmal kommt, dann wird er hier anfangen.«

Troas Wir fahren die Küste von Troas entlang. Finsterer, stürmischer Tag. Die Küste ist wüst und öde; kein Baum, kein Strauch, kein Haus. Beim Zeus, die Küste von Heringsdorf ist schöner.
Warum sind wir denn dann alle so aufgeregt? Zeigen mit den Fingern herüber? Warum lesen diese Engländer wild in ihren Büchern nach? Reißen sich die Feldstecher aus den Händen?
Etwa, weil dort drüben der Trojanische Krieg geschlagen worden ist? Gott bewahre. Trojanische Kriege sind überall geschlagen worden; viele; und einer immer dümmer als der andere. Wenn man sich deshalb auf der Erholungsreise aufregen sollte ...
Nein; wir sind so erregt, weil ein Schriftsteller von Begabung dieses armselige Land da drüben zur Szene seines Genius erwählt

hat. Weil dieser Schriftsteller zum Beispiel folgenden Vorgang hierher verlegt hat:
Achill hat Hektor erschlagen und läßt die Leiche nicht beerdigen; von den Hunden soll sie draußen gefressen werden. Jetzt sitzt er abends grollend mit seinen Freunden im Zelt beim Lampenlicht. Da hebt sich der Vorhang, und ein Greis tritt ein; Priam, der Vater des Geschändeten; und alles im Zelte wird still. Und der alte Mann kniet vor dem Mörder des Sohnes nieder, faßt die furchtbare Hand und beginnt: »Denke an deinen Vater, Achill ...«
Deshalb. Deshalb ist dieser Boden heilig, heute noch nach fünfundzwanzig Jahrhunderten; und wird es bleiben, solange Menschen leben. Denn nicht die politische Tat, noch der wirtschaftliche Gewinn, sondern der Vers und die Bildsäule sind die gültige Leistung einer Epoche.

Übrigens möchte ich über den Trojanischen Krieg nichts Ungünstiges gesagt haben; es war ein gemeinverständlicher, ehrlicher Krieg. Der Trojanische Krieg wurde wegen Helena geschlagen, die das schönste Weib jener Zeit gewesen ist, und das war ein Kriegsgrund, der Hand und Fuß hatte. Wer mir sagt, warum der letzte Weltkrieg geschlagen worden ist, dem schenke ich zehn Drachmen.

Saloniki Es gibt Städte, die zu schön und zu reich sind. Die müssen viel leiden, wie Frauen leiden, die zu schön und zu reich sind. Jeder Lümmel von Eroberer erhebt einen martialischen Anspruch und wird grob, wenn man ihn nicht erhört.
So ging es Konstantinopel, um das sich zwei Erdteile stritten. So Neapel, das im Lauf der Geschichte von jedem europäischen Volke – sogar von den Ungarn – einmal erstürmt worden ist. So erging es Saloniki, der Mazedonierin, vor der eben unser Schiff die Anker wirft. Weiß Gott, verführerisch genug liegt sie da, an ihrem breiten Hafen und am Schnittpunkt der großen Weltstraßen.

Ein Platz in Athen, 1782. Zeichnung von Louis François Sébastien Fauvel

Das Schlachtfeld von Marathon. Lithographie nach einer Zeichnung von Otto Magnus von Stackelberg

Nach Saloniki haben alle Nachbarn die Finger gestreckt, Türken, Griechen, Bulgaren und noch jemand; und fürchterlich hat die Herrliche unter dem Kriege oder doch unter den Nebenstürmen des Krieges gelitten. Besatzung, Bedrohung, Feuersbrünste.

Ein großer Teil der Stadt liegt in Schutt, gerade die lebenswichtigen Teile am Hafen. Hohe, moderne Häuser ohne Dach, geschwärzte Mauern. Dieser Schutt hat sich heute, am regnerischen Tage, zu einem Sumpf verwandelt; wer zur Post will oder bis zu den Kirchen vordringt, um die byzantinischen Mosaiken zu sehen, der watet tief, schwankt über Bretter, hüpft von einem Trittstein zum anderen.

Aber unbesieglich leben Handel und Geschäft in dem Elend. Auf den weiten Brandstätten sind tausend kleine Holzbuden errichtet, wo es provisorisch weitergeht. Neben gekappten Minaretten werden neue Handelsbeziehungen geschlossen; und wenn das Büro zerfallen ist, schreibt man eben vorläufig den Wechsel auf der Straße oder im Haustor.

Wo der neue Basar errichtet wird, ist ein gewaltiger Plan aufgestellt, der die Anordnungen der Plätze und Stände anzeigt. Da wimmelt und schafft es am heftigsten. Die Erläuterungen des Planes sind auf griechisch und hebräisch gegeben.

Marathon Diese Zeilen werden herumwandelnderweise auf dem Felde von Marathon geschrieben. Das Automobil, das mich hergebracht hat, liegt dort hinten eingesunken auf der Straße, und der Chauffeur sitzt darin. Ich sehe bis hierher den Zigarettenrauch, der in regelmäßigen Intervallen aus dem Chauffeur aufsteigt.

Der Chauffeur wundert sich darüber, warum wir hier so lange liegen bleiben, wo doch gar nichts zu sehen ist. Er hat es mir schon vor der Abfahrt gesagt, daß in Marathon nichts los ist, nicht einmal ein Restaurant; man brauche nur eine halbe Stunde da zu bleiben und könne zeitig am Nachmittag wieder zurück sein. Denn wir haben heute Sonntag, und in Athen ist wieder einmal großer Faschingsumzug. Und nun läuft dieser deutsche Professor schon zwei Stunden hier herum mit seinem Notizbuch und seinem Kneifer.

Es ist wirklich nicht viel zu sehen.

Die Ebene von Marathon liegt zwischen der hohen Wand des pentelischen Marmorgebirges und dem Meer da, öde, still und leer. Sie ist schlecht angebaut, was mit der Dürftigkeit des Bodens entschuldigt werden kann. Kiesiges, sandiges Land mit verfrorener Wintersaat darauf, dazwischen lange Sumpfstrecken. Von dem Dorfe Marathon selbst ist nichts zu sehen; es ist bis dahin fast noch eine Stunde.

Hier und da eine Zypresse; am Strand eine zerfallene Fischerhütte; in der Ferne herumstreifend einige verwilderte Hunde, die hoffentlich in der Ferne bleiben werden.

Und in der Mitte nun, hoch und spitz, der Grabhügel der gefallenen Athener. *Soros*; mit dem Ton auf der zweiten Silbe; wörtlich: der Haufen.

Man hat rings um ihn herum Agaven gepflanzt, und seinen Abhang hinauf blühen Anemonen, Maßliebchen, die kleiner sind als bei uns, und der zweideutige Asphodelos, der heute, an diesem Märztag, seine weißlichen Blüten erschlossen hat.

Ein Augenblick der Scheu: darf dieser Totenhügel betreten und erstiegen werden? Aber schon führt geschlängelt ein kleiner Fußweg zum Gipfel; und all das ist ja so lange her, so lange her; und die Gebeine, die hier liegen, sind Element geworden wie die Erde selbst. Also den Hut ab und hinauf.

Eine Stunde lang – und eine der besten Stunden des Lebens – der Stille nachgehorcht, die über diesem ungeheuren Theater liegt. Keine bedrückende Stille, etwas Klares, Emporhebendes. Daß man die Arme weit ausbreiten möchte ...

Eine Biene summt vorbei; vom Gebirge her der stumpfe Glockenton weidender Esel; manchmal fährt der Windstoß auf mit einem Harfenton. Und so still bleibt es immer, daß vom Strande her auf einen Kilometer Entfernung die schwache Brandung des Meeres zu hören ist.

Es ist gerade Mittag, und die Sonne steht hoch über diesem Meere; sie streut Millionen von Lichtern darüber aus, die schweigend flimmern, aufblitzen und wieder verschwinden, immer an derselben Stelle. Das ist der Vorgang, den Aischylos »das unzählbare Lachen des Meeres« nennt; ein Wort, das in nördlichen Badeorten nicht verstanden werden kann.

Mit beiden Füßen stehen wir hier in den Daten der Geschichte drin, und nichts kann bestritten oder kritisiert werden. Jeder Historiker schreibt ein neues Werk über die Jungfrau von Orléans, und es ist immer wieder etwas anderes. Das hier, dies Marathon, ist unzweideutig und naiv wie ein Kinderbuch.
Dort am weit geschwungenen Strande lag die Flotte der Perser mit all ihren Kriegsmaschinen; Landungsmanöver, Männer bis zur Brust im Wasser, durchgehende Pferde. Drüben an den Bergen, in der Felsschlucht wartend, das kleine griechische Heer, das unser aller Sache verteidigen soll. Dann der blitzende Ansturm quer über die Ebene hinweg; kurzes Handgemenge am Wasser; der Sieg des Okzidents; und nun durch die Jahrtausende diese große Einsamkeit und der hohe Totenhügel der Helden.
Zum Greifen; hier und jetzt.
Und da faßt den verspäteten Athener das Verzücken; wenn wir nun schon einmal hier sind, dann auf und hin an das Meer, um posthum wenigstens dabei zu sein in dem ewigen Strandkampf zwischen Barbarentum und Attika! Also das Notizbuch in die Tasche gesteckt, den Kneifer von der Nase herunter, den Spazierstock aus Olivenholz geschwungen, und über das Feld denselben Weg, den damals die Mannschaft des Miltiades, wenn auch schneller und gewandter als ich, geeilt ist.
Weiß Gott, ich bin ein Pazifist von allen Graden, und wenn es nach mir ginge, würden alle Streitfragen der Völker feuilletonistisch erledigt, was sehr wohl möglich wäre. Aber bei Marathon hätte ich mitgefochten. Immer hineingehauen in die persischen Monokelvisagen!

Was diesen Gegensatz zwischen Athenern und Persern anbetrifft, so muß nun aber allerdings gesagt werden: es gehört jetzt zum guten Ton, für die Perser zu sein und gegen die Athener. Besonders die völkischen Historiker, die mit der Rassentheorie und den Langschädeln, die haben für die Perser sehr viel übrig. Mit den Athenern, die schwarze Haare hatten, weiß man weniger etwas anzufangen. Die Athener gelten ja, bis auf weitere Forschungsergebnisse, ebenfalls für Arier; aber ihre verdächtige geistige Regsamkeit läßt vermuten, daß sie in der Rasse nicht ganz rein gewesen sind. Sie hatten eine dekadente Neigung für Kunst und für Literatur; und zwar für belletristische, nicht für fachwissenschaftliche Literatur. Sie waren Demokraten und Republikaner; sollten sie nicht etwa …?
Ich gehe den Strand entlang, suche nach Muscheln und spinne diesen Faden weiter. Wann endlich kommt ein Geschichtsphilosoph, um uns zu beweisen, daß die Athener Juden gewesen sind. Sie sind von den Phöniziern kolonisiert worden; ihre Schrift ist aus dem Hebräischen übernommen. Und sie hatten so komische Namen: Aristoteles, Sophokeles, Perikeles …

Es gibt fast gar keine Muscheln hier. Nach einer halben Stunde erst finde ich eine kleine Arca; hole den Bleistift hervor und schreibe in das perlmutterne Innere der Schale mit griechischen Buchstaben den Namen *Marathon*.

Die Heimfahrt geht von Meer zu Meer quer durch das schiere attische Land. Buchsbaum; graue Olivengärten, stundenlang Kiefern, die nicht größer werden als bei uns die Obstbäume, Schluchten voll Nymphenheimlichkeit. Dann vorbeigerast an einem steinernen Gehöft, wo der bronzene Knabe die Ziegen hütet und sich nach uns Narren nicht umsieht.
Glücklicherweise gibt es eine Panne. Das Rad muß ausgewechselt werden, ich steige aus und setze mich an den Rand eines Brunnens.

Es ist ein Brunnen im Stil der Patriarchenzeit; runder Schacht in die Tiefe gemauert, Winde mit Seil, unten liegt der Eimer im trüben Wasser.
So war der Jakobsbrunnen, an dem der junge Rabbiner Jesus sich hingesetzt hatte, weil er vom Wege müde war. Um die sechste Stunde kam von der Stadt die üppige Samariterin, die es mit sechs Männern hielt, und er bat sie um Wasser und sprach mit ihr voll Anmut und Geist. Und als die zurückkehrenden Freunde sich ob solches Umgangs wunderten, sagte er ihnen das schöne, aber bis heute noch nicht erfüllte Wort: Hebet die Augen auf und betrachtet die Felder, wie sie weiß sind zur Ernte.

Archäologische Notizen Einige archäologische Anmerkungen lassen sich in diesem Land der zertrümmerten Marmorwerke nicht gut unterdrücken ... Jeder wird hier von dieser Wissenschaft erfaßt; auch der eiligste Reisende muß, weil sein Führer es so wünscht, an dem Porosgiebel aus dem zehnten Jahrhundert vor Christus stehenbleiben.
Zahnbürstenfabrikanten befassen sich mit Phidias.

Maurice Barrès hat vor dem Kriege ein Buch *Le voyage de Sparte* geschrieben, das nicht nur seines blitzenden Stiles wegen, sondern sonst aus vielen Gründen lesenswert ist. (Beispielsweise deshalb, weil M. B. über den *Faust II* einige Bemerkungen macht, auf die unsere Goethe-Philologen bisher nicht gekommen sind.)
In diesem Buche also führt der Verfasser sich selbst vor, wie er auf der Akropolis mit einem Archäologen plaudert.
»Hören Sie zu«, sagt er, »ich will etwas prophezeien: Ihr werdet den Parthenon wieder aufbauen.«
»Nichts wäre leichter als das«, erwidert der Archäologe, »aber vorher werden wir ihn abtragen, weil wir wissen möchten, welche Fundamente darunter stecken.«
Soll man den Parthenontempel wieder aufbauen? Über diese Frage wird in Griechenland ebensoviel gestritten wie über die

Frage Königreich oder Republik. Die Griechen betrachten den Wiederaufbau des Tempels als eine nationale Pflicht und Ehrensache, ebenso wie wir in den Zeiten der Romantik die Vollendung des Kölner Doms. Der Parthenon ist das Emblem des freien Hellas; sein Bild hat die Ehre, auf einer Banknote zu stehen.
Auch wird schon daran gearbeitet. Auf der Nordseite des Baues steht ein Gerüst, wo – mit morgenländischer Gelassenheit – Architravstücke aufgezogen und hingesetzt werden. Immerfort pickt es, und silberne Marmorstückchen spritzen weit in die Runde.
Und nicht geleugnet soll werden, daß der Fremdling, der in dieser Sache bisher unerbittlich dachte, hier vor den marmornen Tatbeständen milder wird. Vielleicht ginge es doch.

Der Tempel war aus großen weißen Zylindern und Platten zusammengefügt, die meist ohne Mörtel aufeinander standen. Diese Stücke hat die Explosion durcheinander geworfen, wie das Kind seinen Baukasten umwirft.
Wenn die Steine alle und jeder unversehrt vorhanden sind, wäre es nicht eine pedantische Torheit, sie liegen zu lassen? Hieße das nicht die Freveltat der Barbaren billigen und schützen? Partei ergreifen für Königsmark gegen Iktinos?
Gesetzt, eine der noch stehenden Säulen fiele heute bei einem Erdbeben um. Sofort würde man sich daranmachen und sie wieder aufstellen. Ohne Widerspruch.
Gewiß. Aber da fängt die Schwierigkeit an. Es sind nicht mehr alle Steine da; und was da liegt, das ist nicht mehr heil.
Ich habe unter den liegenden Säulen des Parthenon zwei gesehen, die ganz einfach, Trommel auf Trommel, wieder aufgestellt werden könnten. Alles andere ist krank. Man muß das Fehlende durch frisch gemeißelte Stücke ersetzen, muß die verwundeten Marmore mit grauenhaftem Backstein stützen, damit der Block sicher auf dem Nachbarblock steht.
Was dabei herauskommt, sieht man an dem Erechtheion und dem Niketempel, die vor zwanzig Jahren aus Altem und Neuem zu-

sammengeflickt wurden. Die neuen Stücke sind breiter als die alten und springen hervor. Sie sind heller und schreien aus der kostbaren stillen Harmonie der alten sonnengebräunten Säulen heraus. Und dieser Unterschied wird bleiben, da bei dem Wettlauf der Verwitterungen das Alte immer den Vorsprung behält.
Es wäre denn, daß man den neuen Ersatz künstlich ein wenig anhackte.

Unter dem zahllosen Getrümmer der Burg fand ich im Winkel eine Marmorplatte mit der Inschrift: »Errichtet im Jahre 1885«. Oder so ein ähnliches Datum; ich vergaß, mir die Zahl zu notieren. Das stammt von irgendeinem Wiederaufbau, der damals, im Jahre 1885, nach den neuesten und endgültigen Ergebnissen der archäologischen Wissenschaft vollführt worden ist.
Man wußte nun ganz genau, wie der Tempel ausgesehen hatte, und daß alle vorigen Theorien falsch gewesen waren. Und man baute wieder auf und krönte die wissenschaftliche Tat mit der Inschrift für die kommenden Jahrhunderte.
Und nun liegen der wiedererrichtete Tempel und die Inschrift und die neuesten Ergebnisse im sich häufenden Schutt der Jahrhunderte.

Lassen wir die Griechen das untereinander allein ausmachen, ob Wiederaufbau oder nicht, und wenden wir uns lieber Penelopen zu.
Also: Penelope hat eine Krinoline getragen.
Sie war eine Mykenerin, und wir wissen heute von den Gemälden und von den geschnittenen Steinen aus Knossos her, wie die Mykenerinnen ausgesehen haben und angezogen waren.
Sie haben so ausgesehen: eine breite Krinoline – so breit wie die der Kaiserin Eugenie – mit bunten Rüschen und Volants besetzt. Die Taille sehr eng geschnürt. Ein kurzes Jäckchen, das bis zum Nabel ausgeschnitten war und die beiden strotzenden Brüste frei ließ; lange Zöpfe, wahrscheinlich künstlich gefärbt, über die

Schultern nach vorn gelegt. Die zweideutig lächelnden Lippen rot geschminkt.

So trat Penelope vor die Freier, und die Freier schrien auf vor Brunst, wie jeder von uns vor Brunst aufgeschrien haben würde.

Hätte Penelope so ausgesehen, wie sie auf den Bildern Prellers aussieht, voll edler Anmut und in einem weißen Peplon, die Freier hätten nicht aufgeschrien, sondern sich hingesetzt und einen Schulaufsatz über das Thema: »Die homerische Penelope, ein Muster häuslicher Tugenden und echter Gattentreue« geschrieben.

Deshalb Heil dir, deutsches Sonntagskind Schliemann, daß du, wie im Traum und allen neuesten Ergebnissen der Wissenschaft zum Trotz, uns das wahre Altertum gefunden hast; das wilde Altertum, das ganz und gar unklassische, das bunte und dämonische.

Uns gezeigt hast, daß die Antike nicht, wie heute noch Leute faseln, sich durch eine edle Einheitlichkeit ausgezeichnet hat, sondern daß sie unserer eigenen Zeit schwesterlich nahe gestanden hat, in Zerrissenheit, Widerspruch, Farbe und Elend.

Man kann zu diesem Thema noch die zwanzig jungen Mädchen des Akropolismuseums zitieren, die aus den Urzeiten der hellenischen Geschichte zu uns gekommen sind.

Diese Mädchen lächeln alle. Es ist, kunsthistorisch gesehen, das Lächeln der Primitiven. Aber ihr Lächeln ist jung, es ist ursprünglich und einfach; und hier vor diesen lachenden Kindern beginnen wir ebenso wie vor der mykenischen Penelope zu merken, daß die klassische Maske des Phidias eine Erstarrung war und eine Leerheit.

Wie die Wangen sich zusammenziehen zur Schalkhaftigkeit und zum Übermut, das steht dem Fleisch und Blut des Lebens näher als die entsetzliche Venus von Milo.

Fast allen diesen Fräuleins sind die Hände abgeschlagen. Aber gerade der schönsten und jüngsten ist die linke Hand geblieben, mit der sie ihren Jupon raffte.

Der gewissenhafte Archäologe möge abwarten, bis der amtierende Wärter woanders hinsieht, und dann diese kleine, glatte, ionische Mädchenhand fassen und drücken.

Theater Ich bin seit Ausbruch des Krieges nicht mehr im Theater gewesen; seit zehn Jahren in keinem Trauerspiel, ja nicht einmal in einer Operette. Wie das so gekommen ist, weiß ich nicht; vielleicht einfach aus Faulheit. Nur eins weiß ich genau, nämlich daß man ohne das Theater leben kann.
Wenn ich meine dramaturgischen Bedürfnisse befriedigen will, gehe ich in ein Kino; aber es muß ein amerikanischer Film sein mit einem schönen Fräulein in Breeches, das von den Cowboys entführt wird; immer drauflosgaloppiert über die Pampas.
Hier dagegen in Athen gehe ich jeden Tag in das Dionysos-Theater; an einigen Tagen bin ich sogar zweimal dagewesen. Allerdings wird in dem Dionysos-Theater nicht mehr gespielt – das Unternehmen ist verkracht – aber vielleicht ist es gerade deshalb so schön; in seiner Stille und Hoffnungslosigkeit.
Es empfiehlt sich, um zwei Uhr nachmittags hinzugehen. Dann hat ganz Athen zu Mittag gegessen und ist faul; und einige Überwindung kostet es schon, den weiten Weg bis zu dem Abhang der Akropolis zu machen; dafür ist man ganz allein draußen und kann sich den besten Platz aussuchen.

Der beste Platz im Dionysos-Theater ist das zweite Parkett links. Sich nicht auf die teuren Plätze vorn setzen! Da sieht man nichts. Vom zweiten Parkett links liegt die Szene in richtigem Winkel da. Und wenn der Zuschauer sich langweilen sollte – auch im antiken Theater hat der Zuschauer sich manchmal gelangweilt –, so kann er über die Bühne hinweg in die Landschaft sehen, bis auf das ferne Myrtenmeer.
Die Berge, die hinter dem Meer aufragen, das ist die Landschaft Argolis. In der Argolis aber haben die Atriden gelebt, die alle diese großen Tragödien veranstaltet haben.

Agamemnon, Klytämnestra, Orest; und Elektra, die gräßliche alte Jungfer. Bei Lichte besehen sind diese großen Tragödien ein Haufen von Gemeinheit gewesen. Blutschande, Ehebruch, Erbschleicherei, Lüge und Mord. Aber dann ist der Dichter gekommen, er hat die Gemeinheit in den Rhythmus seiner Verse gefaßt und es hier in diesem Theater singen lassen; vor dem herrlich geschwungenen Halbkreis lauschender Marmorreihen. Denn dadurch ist die Kunst höher als das Gesetz: das Gesetz verurteilt das Böse; die Kunst hebt den Mord mit ihren feinen Händen auf und zeigt, daß auch in ihm Ewiges war.
Die Kunst ist Gott.

Wohl zu bemerken, daß die erste Reihe dieses Theaters für die Geistlichkeit reserviert war. An den marmornen Orchesterfauteuils sind noch die Titel der hochwürdigen Herren und die Namen ihrer Gemeinden eingeschrieben: Priester des Zeus Eleutherios, Priester des Antinous.
Dort saßen die geistlichen Herren bei der Premiere des Hippolytos. Thema: die Mutter macht ihrem Sohn galante Vorschläge.
Man muß sich das in gegenwärtige Verhältnisse übersetzen. Man muß denken, daß in Reinhardts Theater auf den Sesseln der ersten Reihe angeschrieben steht: Probst von St. Hedwig; Pfarrer der Marienkirche; reserviert für den Oberkirchenrat.
So muß man es sich ausdenken, um zu merken, daß sich auf der Welt manches geändert hat.

Kein Laut ist jetzt in dieser Sonnenstunde zu hören. Die Straße schläft, die im Bogen um die Burg nach dem Areopag zieht. Manchmal kräht ein Hahn. Ich sitze allein im Theater, wie König Ludwig II. von Bayern. Nein, noch alleiner; der König hatte die Sänger und Schauspieler da, die Wolter mit ihrem Schrei. Bei mir schreit nur der Hahn, und das genügt mir schon.
Aber dröhnt es nicht vor deinem Ohr wie das rasselnde Tatatam der dorischen Anapäste? Nur hier konnte diese Tragödie gespielt

werden, die geheimnislose, die gewalttätige, hier unter dem erzenen Himmel, vor den klaren Bergen und vor dem Meer der großen Kriegsflotten. Nur hier kann sie verstanden werden.
Glattweg mache ich, auf der Marmorbank sitzend, eine Entdeckung: daß die antike Szene das Motiv der Liebe fast nicht kennt, das Motiv also, auf dem die ganze moderne Literatur aufgebaut ist. Herrschaft, Besitz, Rache, Vergewaltigung, darum ist es hier gegangen auf dieser steinernen Bühne. Mannestat, nicht schwärmerische Treue. Und alle die Weiber haben bluttriefende Arme.
Um Gottes willen: Wenn man von hier aus an Faust und Gretchen im Garten zurückdenkt! Er liebt mich, liebt mich nicht, liebt mich ...

Auf dem Heimweg kommen wir an den Trümmern des olympischen Zeus vorüber. Das war der größte Tempel der Welt, und seine Säulen stehen ungeheuer da im Abendgold und zwischen allen diesen Gärten.
So groß sind die Säulen, daß man auf jeder einzelnen oben eine kleine Wohnung bauen könnte. Und wirklich ist denn auch schon, im Mittelalter, ein Mann, der ein Genießer und Naturfreund gewesen sein muß, auf diesen Gedanken gekommen.
Es war ein Anachoret, der von der Welt genug hatte und sich ganz der Kasteiung und der geistlichen Betrachtung widmen wollte. Zu diesem Zwecke hat er sich da oben ein kleines Haus errichtet mit einem Bücherspindchen und einer Vorratskammer.
Da saß er dann, blickte über die Orangenhaine weg, hörte auf die Nachtigallen; und es konnte niemand zum Besuch kommen.
Selbstverständlich erhielt er regelmäßig sein Essen. Seine Schüler brachten es ihm, und er wand es an einem Strick in die Höhe. Und wie oft mag er des Abends den Strick noch einmal heruntergelassen haben, um ein zweites Fäßchen Samoswein heraufzuziehen.
Als er tot war, ist er dann heilig gesprochen worden.

Das Volk Als Wilhelm II. – an dem, wie er selbst berichtet, alles groß war – als Wilhelm im Hafen Piräus landete, sprach er mit tönender Stimme zu den Herren seines Stabes: »Meine Herren, halten Sie jetzt die Taschen fest zu, Sie gehen in das Land der Diebe.« Er sprach das mit tönender Stimme in Gegenwart der griechischen Minister, so daß diese es hören konnten. Denn unter seinen vielen großen Eigenschaften war das Zartgefühl besonders stark entwickelt.

Was diese oft beklagte Unsicherheit in Griechenland betrifft, so sei dazu folgendes gemeldet: In dem athenischen Hotel, welches ich bewohne, schließt niemand das Zimmer ab, bevor er ausgeht. Nur wir Deutschen tun es in den ersten Tagen, weil wir aus einem finsteren und mißtrauischen Klima herkommen; dann lassen wir es und schämen uns. Auf den Fahrten in das Land hinaus, in den kleinen Gasthäusern, habe ich das Zimmer nicht einmal nachts abgeschlossen; auch auf die alte Gewohnheit, vorher unter das Bett zu sehen, verzichtet.

Wenn du auf der Straße eine Zeitung kaufst und aus Versehen dem Händler zuviel bezahlst – weil ein Schein so aussieht wie der andere –, so rennt der Händler hinter dir her und gibt dir den Rest zurück. Und in den griechischen Postämtern liegen schöne Federhalter mit schreibfähigen Federn zur allgemeinen Benutzung aus, was in Ländern von berühmter Ehrlichkeit und Treue nicht möglich ist.

Es ist ein Volk, das auf den ersten Blick nicht verstanden und beurteilt werden kann. Kein Volk kann auf den ersten Blick verstanden und beurteilt werden; dieses Volk der vielen Ahnen am wenigsten.

Auf den ersten Blick scheint es ein leichtsinniges Volk zu sein, ein oberflächliches und aufgeräumtes Volk. Vergnügen herrscht überall; den halben Tag verbringt man im Café; die ganze Nacht flimmern die Kabaretts, in denen blonde deutsche Tänzerinnen zur

Erheiterung von Griechen, Franzosen und amerikanischen Matrosen die nackten Beine hochwerfen.

Auf der Fahrt nach Tatoi sahen wir einen herrlichen alten Bauern im Dorfcafé vor seiner Tasse sitzen und freuten uns seines stattlichen Anblickes. Als wir nach drei Stunden zurückfuhren, saß er immer noch vor seiner Tasse, und wir konnten uns zum zweitenmal freuen.

Der Karneval dauert zehn Tage. Nämlich so: der alte Kalender ist immer noch im privaten Leben gültig und läuft neben dem neuen her, so daß man alle Feste doppelt feiern kann. Es gibt erst einen julianischen Fasching, dann zehn Tage später einen gregorianischen Fasching, die werden beide unter großem Lärm begangen, indem man sich mit Konfetti und Serpentinen bewirft; und selbstverständlich lohnt es sich nicht, in der Zwischenzeit aufzuhören; man bewirft sich einfach die zehn Tage hindurch. Schon um neun Uhr morgens erscheinen auf den Straßen die Konfettihändler; jeden einzelnen Tag.

Wenn es endlich aus ist, fängt nicht etwa die Arbeit und der Alltag gleich wieder an. Der Mensch muß sich doch ausruhen von dem vielen Konfettiwerfen, und einen ganzen geschlagenen blauen Montag sind alle Geschäfte und Büros geschlossen. Polizei, Minister, Gesandte, Museumsdirektoren, Popen, Fremdenführer und Altertumsfälscher, alles liegt auf dem Sofa und schläft sich vierundzwanzig Stunden lang aus.

Diesmal gab es mitten im Karneval eine schwere politische Krisis; eine Krisis, die wie eine Revolution aussah. Die unzufriedenen Offiziere hatten mit dem Säbel auf den Tisch geschlagen; durch den Maskenreigen fuhr der gestürzte Venizelos; man sprach von einer gewaltsamen Besetzung der Stadt. Man sprach, und man tanzte weiter. Clowns und Harlekine zogen schreiend durch die Stadionstraße, in der man jeden Augenblick den vertrauten Ton der Maschinengewehre zu vernehmen erwartete.

Als es zwei Tage nach Fasching mitten in der Nacht einmal knallte, fragte sich der Bürger in seinem Bette: sind das Nachzügler vom Karneval oder ist es etwas anderes? Es war etwas anderes. Es war ein Bombenanschlag auf die englische Gesandtschaft. Und am Morgen strahlte Athen wie immer und freute sich, daß nun bald das schöne Osterfest kommt; die zwei schönen Osterfeste, erst das julianische, dann das gregorianische.

Nun hat aber bei alledem diese Nation eine Seele; eine Seele voll Rätsel und Altertum wie keine andere Nation. Volkslieder raunen, uralte, wunderschöne; in verhaltenem Ton, aber voll mitreißenden Temperaments.
Denken wir daran, was über diesen hellenischen Boden hergezogen ist; nicht nur eine einzige Völkerwanderung wie in Italien oder Frankreich, ein Dutzend Völkerwanderungen. Die Mykener, die Pelasger, die Dorer, die Ionier, die Makedonier, die Römer, die Gallier, die Westgoten, die französischen Barone, die Genueser, die Venezianer, die Albaner, die Türken.
Athen ist keine griechische, sondern eine albanische Stadt. Und die Türken blieben ein halbes Jahrtausend. Da mischt es sich schon und vertieft sich.
Jeder ließ irgend etwas da, einen Gebrauch, eine Fabel, einen Schrecken. Wie der Bauer aus dem attischen Boden heute noch immer wieder Münzen Alexanders und Sullas und all der Eroberer ausgräbt, so findet man überall uralte Übung. Woher mögen diese feierlichen Formen des Grußes und der Verneinung stammen, aus welcher Tiefe der Geschichte?
Wahrscheinlich hat Agamemnon so gegrüßt.
Denn unter alledem blieb etwas von dem Wesen der alten Götter, in Beschwörungen, Flüchen und bösen Blicken. Die Dämonen, von denen Sokrates am Tisch der Freunde sprach, leben heute noch und finden sich allesamt wieder in dem unermeßlichen Kerzenschimmer des orthodoxen Ritus.

Kleine Kapellen überall, selbst auf den Bahnhöfen; sie sehen aus wie Brunnen oder sonst welche Einrichtungen des bürgerlichen

Straßenverkehrs. Fliegende Händler verkaufen Weihrauch auf dem Markte; man sieht elegant gekleidete Herren, die sich ein Viertelpfund Weihrauch kaufen und in die Tasche stecken zu den Zigaretten und der Schwefelholzschachtel.

Fahrt nach Delphi Wenn man früher nach Delphi wollte, fuhr man mit dem Dampfer vom Piräus nach Korinth, durch den berühmten Kanal hindurch, und dann über den blauen Korinthischen Meerbusen bis Itea, dem Hafen der Wallfahrtsstadt; es soll eine der schönsten Reisen in Griechenland gewesen sein.
Diese Wasserfahrt ist jetzt nicht mehr möglich, weil der Kanal von Korinth wieder einmal eingestürzt ist. (Der berühmte Kanal von Korinth, ein Wunderwerk der modernen Technik, ist fast immer eingestürzt, und zwar mit Recht, weil nämlich Wunderwerke der modernen Technik in Griechenland nichts zu suchen haben.)
So muß der heutige Pilger mit der Eisenbahn und dem Automobil hintenherum eine große Reise durch halb Griechenland machen. Das ist für den Pilger beschwerlich und sehr teuer, aber es ist lehrreich; denn so kommt er durch seltene Landschaften, die abseits des üblichen Weges liegen. Durch Böotien zum Beispiel.
Böotien ist die Heimat der bekannten Böotier, also jenes griechischen Volksstammes, der sich von allen anderen am längsten gehalten hat und noch bis auf unsere Tage vorhanden ist. Achäer und Ionier gibt es kaum noch, von den Attikern ganz zu schweigen, die bis auf den letzten Mann ausgestorben sind ... Böotier finden sich überall in großer Menge, und sie haben es häufig sehr weit gebracht. Es sei nur daran erinnert, daß vor dem Kriege die preußischen Kultusminister fast ausschließlich dem Stamm der Böotier entnommen wurden.
Und wunderbar genug, gerade dieses Land heimelt den mitteleuropäischen Reisenden ganz merkwürdig an. Wenn man Athen verlassen hat, kommt man zuerst durch Attika, das wild und klassisch ist mit einsamen Felsen und mit Lorbeerbäumen; dann aber

fährt der Zug in Böotien ein, und mit einem Schlage glaubt man, zu Hause zu sein.

Es ist eine ungriechische Gegend. Der Lorbeerbaum ist verschwunden, auch Myrte, Zypresse und Olive; dafür sieht man schöne Birnbäume; ordentliche Häuschen und Misthaufen davor, und weite, regelmäßige Felder, auf denen Leute in Hemdsärmeln stehen.

Böotien ist stets ein sehr rationell bewirtschaftetes Land gewesen und hat deshalb niemals einen künstlerischen Genius hervorgebracht. (Spätere Anmerkung. Doch; einen: Pindar; aber, irre ich nicht, haben den die Böotier aus ihrem Lande hinausgeworfen.)

Es dauert übrigens nicht lange, da fängt das Geniale und Wilde wieder an.

Eine Eisenbahnstation heißt Sphinx. Dann kommen, dicht an der Bahn, Berge, wie man deren noch nie angetroffen hat. Sie sehen aus wie Steinhaufen; wie Steinhaufen an der Chaussee, wenn die Straße ausgebessert wird; ein Stückchen auf dem anderen. Landleute, die im Freien übernachten müssen, haben ihr Zelt mitten in diesen Steinhaufen gesetzt.

»Warum«, frage ich höhnisch lächelnd den Offizier, der mir gegenübersitzt, »warum setzen die Leute ihr Zelt denn da oben hin, wo sie nachher wieder herunterklettern müssen?«

»Wegen der Wölfe«, antwortet der Offizier.

Und am Horizont rechts glänzt ein langer Strich, als läge dort das nackte Schwert eines Gottes am Boden: das ist der königliche Strand von Aulis, von wo sie nach Troja aufgebrochen sind.

Helden, Spuk, Wölfe und Dämonen, das ist echtes hellenisches Land.

Haltestelle Theben ... Aus Theben habe ich mir nie etwas gemacht. Warum, weiß ich selber nicht. Vielleicht weil die Thebaner immer gegen Athen waren. Und wer gegen Athen ist, an dem kann nicht viel los sein.

Delphi, 1849/1850. Zeichnung von Edward Lear

Lykodimon, 1782. Zeichnung von Louis François Sébastien Fauve

Oder wegen der entsetzlichen Tragödie des Labdakidischen Hauses, die sich hier abgespielt hat, Oedipus, Antigone. Diese Tragödie stinkt nach Verwesung und Karbol. Pest, Vatermord, Brudermord, Blutschande ... das ist Oedipus. Und draußen vor der Mauer liegt die faulende Leiche des Helden von Schmeißfliegen umsummt. Eine schwarz verschleierte Frau schleicht herbei, um den Bruder zu beerdigen, gegen das Polizeiverbot. Festgenommen, am Kragen gefaßt, gestoßen, vor den König geschleppt, verurteilt. Und sie hebt die schwache Mädchenhand und spricht (viele Jahrhunderte vor Christus): »Man soll Gott mehr gehorchen als den Menschen.«

Jetzt hat der Expreßzug in Theben dreißig Minuten Aufenthalt. Zeit genug, ein bißchen die Straße entlang gegen die Stadt zu spazieren und sich umzusehen. Sie haben sehr hübsche Gärten in Theben und sind recht fleißig. Keine Ziergärten natürlich; Nutzgärten. Salat, Kohl und die Zwiebeln scheinen besonders gut zu geraten. Zehn thebanische Epheben aber folgen mir auf Schritt und Tritt und bieten mir Schokolade zum Kauf an.

Den Kopais-See entlang – der aber gar kein See mehr ist, sondern eine große Ackerebene –, diesen See entlang fährt der Mensch eine Stunde lang im Speisewagen. Der Mensch ist so ungefähr der einzige Zivilist in dem Speisewagen, alles andere sind Offiziere.

Zwischen Athen und Larissa ist es jetzt ein dauerndes Kommen und Gehen von Offizieren; die Herren haben viele Sorgen, sie müssen aufpassen, ob die Regierungsgeschäfte auch immer nach Wunsch erledigt werden.

An meinen Tisch setzt sich ein turmhoher Albanier, der ganz in weiß gekleidet ist: ein weißes Ballettröckchen und an den endlosen Beinen weiße Trikots. Um sich zwischen Stuhl und Tisch zu setzen, macht er eine Bewegung wie eine Dame. Und es knistert auch so. Dann aber nimmt er gleich nicht die geringste Notiz von mir, sondern wendet sich zu den Herren hinter ihm, um noch vor der Suppe ein politisches Gespräch zu beginnen. Und bald fuchtelt und schreit der ganze Speisewagen.

Daß es ein politisches Gespräch ist, erkennt man aus dem Namen Metaxas, der immer wieder ertönt. Metaxas, das ist der Führer der Royalisten, der jetzt nach Griechenland zurückkehren will, und die Herren diskutieren nun offenbar darüber, ob man ihn an die Wand stellen soll, wie es Landessitte ist. Denn erst, wenn der innere Feind ausgerottet ist, kann man sich nach außen glorreich betätigen.

Aufmerksam höre ich hin, um etwas Griechisch zu profitieren. Und darüber habe ich ganz vergessen, mich nach Chäronea umzusehen. Schade, wir müssen eben an Chäronea dicht vorbeigekommen sein, das Schlachtfeld liegt links an der Bahn.

Chäronea, meine Herren! Wo damals die griechische Glorie untergegangen ist, weil die Griechen schon damals einen inneren Feind ausrotten mußten. Und vom Norden kam der Barbar ...

Vielgeliebte hellenische Freunde, ihr Europäer auf dieser Halbinsel! Gibt es keinen Norden mehr? Habt ihr da oben nicht genug Feinde, daß ihr den eigenen Bruder zum Feinde machen müßt?

Delphi Über dem Trümmerfeld von Delphi ragen zwei große Felsen des Parnaßgebirges auf, die aussehen wie die Gesetzestafeln Mosis. Es sei geraten, vorläufig einmal das Museum und die Archäologie beiseite zu lassen und die schöne Straße entlang zu diesen Felsen zu gehen.

Wo die beiden Tafeln aneinanderstoßen, stehen Platanen, die Agamemnon gepflanzt hat, und eine wilde Schlucht ist da, aus der von hoch oben herab ein starkes Wasser kommt. Es läuft über die Straße hinweg, wird auch in Trögen gesammelt zur Tränke des Viehs. Man nennt dieses Wasser die Kastalische Quelle.

Selbstverständlich wird jeder Reisende von Bildung das Verlangen haben, die Schlucht hinauf bis zu jener Stelle vorzudringen, wo das Wasser aus dem Felsen quillt. Namentlich bei Vertretern der literarischen, schöngeistigen und philologischen Berufsarten dürfte dieser Wunsch rege sein, und wie mancher militäruntaugliche Brillenmann mag die Trümmer dieser Öde hinaufgeklommen sein. Bis dort, wo an die Bergwand von alter Hand ein großes, viereckiges Becken gemauert ist, in das der Quell reichlich und stetig fließt, um dann, das Gemäuer des Beckens durchbrechend, die Schlucht talab zu rieseln.

Nischen sind in die senkrechte Felswand gehauen, jetzt leer, die letzte Erinnerung an jene Kulte. Man ist hier am Quell ganz allein und abgeschlossen, von der Straße aus unsichtbar; und ungehindert und ohne Scheu kann der Sonderling – denn wer hier steht, ist ein Sonderling –, ungehindert kann der Sonderling die Zeremonien seiner Einsamkeit zelebrieren.

Er wird sich ein Stück des Parnaß abschlagen, welches dann auf einem nordischen Schreibtisch bis an ein Lebensende ruhen dürfte. Dann wird er den Aluminiumbecher aus der Tasche ziehen, um von diesem Quell zu trinken. Das Wasser ist nicht so hart und frisch wie sonst Felsenquellen; es ist weichlich, was wohl von den langen Algen herkommt, die in dem Becken wachsen. Im Fließen und Strömen des Wassers bewegen sie sich still und schwänzeln, wie die grünen Schlangen des Märchens.

Und wer so schlau ist wie ich, der wird sich in das Gestrüpp lang hinlegen, auf die Sprache dieser Quelle lauschen, bis er einschläft an der warmen Brust von Hellas. Als ich aufwachte und ziemlich erstaunt in den blauen Himmel blickte, siehe, da flog hoch, hoch dort oben ein Strich von Störchen dahin.

Sie flogen in reiner nordwestlicher Richtung und zogen langsam den deutschen Dörfern zu.

Dort, wo die Wasser der Quelle über die Straße ablaufen, steht eine winzige griechisch-katholische Kapelle, so groß etwa wie ein Wäschespind. Sie ist dem heiligen Johannes dem Täufer geweiht, den man hier Johannes Prodromos nennt, den Vorläufer. Das Bild des Heiligen steht hinter einem Fenster und stellt ihn mit zwei

Köpfen dar; den einen Kopf hat er angewachsen, da, wo wir ihn alle haben, den anderen trägt er unter dem Arm, wie einen Wirsingkohl. Beide Köpfe sind wohlgescheitelt und frisiert.
Man kann dieses Fenster öffnen, und ich öffnete es denn auch und fand dahinter eine kleine erloschene Öllampe sowie zahlreiche abgebrannte Schwefelhölzer. Denn es ist in diesem Lande Brauch, daß, wer sich mit den himmlischen Mächten gut stellen will, eine erloschene Heiligenlampe wieder entzündet. Da ich vielen Anlaß habe, mir das Wohlwollen jener Mächte zu sichern, habe auch ich meine Schwefelhölzer hervorgezogen und die Lampe angesteckt. Und einen ganzen Nachmittag bis zum Abend hat das griechische Licht für meine Seele geflimmert und gezittert.

Dagegen sei gestanden, daß der Eindruck, den der berühmte bronzene Wagenlenker machte, nicht ganz so war, wie erwartet werden konnte. Vielleicht weil das Werk im Museum so schauderhaft miserabel aufgestellt ist. Also man denke, sie haben ihn in dem einzigen fensterlosen Raum des Museums aufgestellt, in dem Raum hinter der Garderobe, wo Schirme und Stöcke abgelegt werden. Ins Finstere diesen erzenen Mann, der nach der hellenischen Sonne schreit, der in der hellenischen Sonne damals geblitzt hat, daß man die Hand vor die Augen halten mußte.
Auch sonst stimmt nicht alles. Gewiß, diese nervösen Hände und Füße sind das Werk eines größten Meisters. Aber die starren Augen sind zu starr, die ausgearbeiteten Wimpern geben dem Gesicht einen Zug zu großer panoptikumartiger Wahrscheinlichkeit. Auch sei nicht vergessen, daß wir es hier mit einem herrschaftlichen Kutscher zu tun haben. Als man ihn fand, riefen die Archäologen: das ist einer der Edlen, die bei Marathon gefochten haben. Aber nicht im geringsten! Der Edle aus Marathon stand daneben und ist verschwunden. Das hier ist ein Lakai in der vorgeschriebenen Livree, wie denn seine ganze Stellung etwas Adrettes zeigt, die korrekte Eleganz des Personals, das mit den Pferden zu tun hat.

Wie neben einer christlichen Kirche stets ein Wirtshaus steht, so steht neben jedem großen griechischen Tempel ein Theater. Wenn wir gebetet haben, gehen wir aufatmend herüber in den Löwen und trinken ein Glas Helles; wenn der Grieche sich mit Phoebus auseinandergesetzt hatte, stieg er ins Theater hinauf und sah sich den *Ion* des Euripides an.

Das delphische Theater liegt hoch oben – immer wieder dieses herrliche, marmorne Halbrund, diese geistreiche Steigung der Sitzstufen –, und von ihm aus hat man den besten Blick über den Tempel.

In diesem Tempel hat die Pythia gesessen, die ein altes Weib gewesen ist. Sie saß auf dem goldenen Dreifuß über den Dämpfen des Abgrunds und lallte unverständliche Worte, die für die tiefste Weisheit galten. Ein Jahrtausend lang sind die Könige der Welt und die Gesandten aller Städte hierher gekommen und haben der alten Frau gelauscht; und sie entschied über Krieg oder Frieden und fällte die Entscheidung im Streit der Völker.

Die alte Frau war ungefähr das, was bei uns der Völkerbund ist oder der Haager Schiedsgerichtshof. Mit dem Unterschied, daß auf das alte Weib ein Jahrtausend lang alle Welt hörte, während auf den Völkerbund ... aber was gehen mich diese zwei alten Weiber an, hier auf meiner Marmorstufe!

Stellen wir vielmehr fest, daß der Boden des Tempels heute aussieht wie ein Sieb. Überall hat man Marmorplatten ausgehoben, dort ist ein schwarzes Loch entstanden, und durch dieses schwarze Loch sind die Professoren hinuntergekrochen, um nach dem pythischen Erdspalt zu suchen. Sie haben ihn nicht gefunden, und keine Dämpfe steigen mehr auf. Wie in Eleusis, so bleibt auch hier das Geheimnis gewahrt.

Die Mauer des Tempels entlang zieht sich eine dreißig Meter lange und fünf Meter hohe Inschrift: lauter kleine Buchstaben, Millionen. Man hat diese Inschrift noch nicht gelesen, weil sie zu groß ist; inzwischen wäscht der Regen sie ab, und in fünfzig Jahren wird nichts mehr zu sehen sein.

Hoffentlich hat man sie bis dahin immer noch nicht gelesen.

Abends gehe ich die delphische Straße entlang und nehme Abschied von Griechenland.

Die Bauern, die vom Weinberg heimkehren, kommen mir entgegen, vielleicht tausend, ein großer Zug. Jeder hat sein Eselchen bei sich oder ein paar Ziegen, und alle diese Tiere tragen Glocken, daß es endlos bimmelt.

Wundervolle Greise mit gelockten Bärten. Und jeder bietet mir den Gruß dieses heiligen Bodens, *Kalä hespéra* – schönen Abend. Und jedem erwidere ich's. Und nun warte ich still und voll Zuversicht auf die tausend schönen Abende, die mir Delphi gewünscht hat.

Editorische Notiz

Die Texte wurden entnommen aus: Victor Auburtins gesammelte kleine Prosa [Werkausgabe in Einzelbänden], herausgegeben von Peter Moses-Krause, 1994ff.; im einzelnen: »Berliner Ausgangslage«, wurde zuerst 1911 unter dem Titel »Nach Bithynien« im *Berliner Tageblatt* gedruckt und unter diesem Titel im selben Jahr in die Feuilletonsammlung *Die Onyxschale* aufgenommen [Band 2 der Werkausgabe]; in Band 2 der Werkausgabe findet sich auch die 1908 im *Simplicissimus* gedruckte Geschichte »Götterschicksal«. Die Titelgeschichte »Archimedes und das Wasserklosett« und »Parthenon« wurden dem Feuilletonbändchen *Ein Glas mit Goldfischen* von 1922 [Band 1 der Werkausgabe] entnommen. »Die drei Bilder«, »Nacht in Athen«, »Der Dreifuß der Helena« und »Das Ende des Odysseus« stammen aus den *Pfauenfedern* von 1921 [ebenfalls in Band 1 der Werkausgabe]. – Der zweite Teil unseres Bändchens ist eine Auswahl aus *Nach Delphi*, den Korrespondenzen von Auburtins Griechenlandreise, die von Januar bis April 1924 im *B.T.* und im selben Jahr als Buch bei Albert Langen in München erschienen; Auslassungen wurden nicht gekennzeichnet [vollständig im 5. Band der Werkausgabe; in Vorbereitung]. – Der Text auf der Rückseite des Umschlags ist ein Zitat aus dem Feuilleton »Das Gastmahl« in *Ein Glas mit Goldfischen*. – Zu den Abbildungen siehe jeweils die Bildlegenden; die Vorlagen stammen aus der Bibliothek des Herausgebers.

Inhalt

Vorbemerkung Seite 5

Berliner Ausgangslage 9

Archimedes und das Wasserklosett 11

Die drei Bilder 13

Parthenon 15

Götterschicksal 17

Nacht in Athen 21

Der Dreifuß der Helena 24

Das Ende des Odysseus 29

Nach Delphi 37
Impressionen von der Hinfahrt 37 · Erlebnis in Brindisi 37 · Ionisches Meer 39 · Korfu 39 · Endlich auf der Akropolis 41 · Der Alltag in Athen 47 · Eleusis 50 · Winke für die reise 53 · Das ägäische Meer 55 · Samothrake 56 · Troas 57 · Saloniki 58 · Marathon 61 · Archäologische Notizen 65 · Theater 69 · Das Volk 72 · Auf der Fahrt nach Delphi 75 · Haltestelle Theben 76 · Den Kopais-See entlang 79 · Delphi 80 ·

Editorische Notiz 85

Reprofotografie Mandy McCombie in Berlin · *Satz* Werner Schwartz in der FotosatzWerkstatt Tempelhofer Ufer 21 GmbH in Berlin [Kreuzberg] *Druck* Offset Druckerei Pohland in Augsburg · © 2001 by Das Arsenal. Verlag für Kultur und Politik GmbH in Berlin [Charlottenburg]

Für alte und neue Auburtinisten

»Ich zweifle nicht«, schrieb der Feuilletonist Walther Kiaulehn zu seiner kleinen, längst vergriffenen Auburtin-rororo-Auswahl, »daß jeder Leser sofort ein zweites Exemplar kaufen wird, um es zu verschenken. Man kann gar nichts Besseres tun. Bringt man seine Freunde mit Auburtin zusammen, dann haben sie wenigstens einen Bekannten, mit dem sie sich überall sehen lassen können.« Deshalb empfehlen wir Ihnen zur Hebung Ihrer Reputation und zum eigenen Vergnügen:

Victor Auburtins gesammelte kleine Prosa. Werkausgabe in [sechs] Einzelbänden, herausgegeben von Peter Moses-Krause; schön gebunden (Pappbände mit Fadenheftung). Reihen-ISBN 3 921810 73 6 Alle Bände einzeln erhältlich oder zur Subskription [Abnahmeverpflichtung für alle Bände].

Bisher sind erschienen [Lieferbar]:

Pfauenfedern und Ein Glas mit Goldfischen. Miniaturen und Feuilletons 1921/1922 [Werkausgabe, erster Band] 228 Seiten. ISBN 3 921810 74 4

Die Onyxschale [1911] und Die goldene Kette [1907] sowie andere kleine Prosa aus dem »Simplicissimus« bis 1911. [WA, zweiter Band] 248 Seiten. ISBN 3 921810 25 6

Was ich in Frankreich erlebte [1918] und die Literarischen Korrespondenzen aus Paris 1911-1914. [WA, dritter Band] 476 Seiten. ISBN 3 921810 26 4

In Vorbereitung :

Die Hirtenflöte. Einer bläst die Hirtenflöte [1928] und die Feuilletons im Berliner Tageblatt bis 1927. [WA, vierter Band] ca. 480 Seiten. ISBN 3 921810 27 2

Inventur in den Koffern. Nach Delphi [1924] und andere Reisefeuilletons. [WA, fünfter Band] ca. 360 Seiten. ISBN 3 931109 33 X

Das Ende. Die Kunst stirbt [1912]; Theaterstücke; Verstreutes. [WA, sechster Band] ca. 248 Seiten. ISBN 3 931109 34 8

Außerhalb der Werkausgabe ist erschienen:

Herr Brie oder Katzen und andere. Geschichten. Mit Zeichnungen von Théophile-Alexandre Steinlen. Ausgewählt und mit einem Vorwort von Peter Moses-Krause. 72 Seiten. Engl. Broschur mit Fadenheftung. ISBN 3 931109 06 2

Durchschnitt durch Potsdam oder Lob der Langsamkeit. Geschichten vom Déjà vu. Ausgewählt und mit einem Vorwort von Peter Moses-Krause. Mit Fotografien von Fritz Eschen. 52 Seiten. Engl. Broschur mit Fadenheftung. ISBN 3 931109 08 9

Sand und Sachsen. Ein Sommerbilderbüchlein von Ost- und Nordsee in Worten. Mit Zeichnungen von Wolfgang Würfel. Ausgewählt und mit einem Vorwort von Peter Moses-Krause. 64 Seiten. Engl. Broschur, mit Fadenheftung. ISBN 3 931109 18 6

Archimedes und das Wasserklosett und anderes von der Reise nach Delphi. Mit Zeichnungen empfindsamer Griechenlandreisender; Vorwort von Peter Moses-Krause. 88 Seiten. Engl. Broschur mit Fadenheftung. ISBN 3 931109 32 1

Abenteuer mit Fräuleins. 33 der schönsten Berlin-Feuilletons. Ausgewählt von Peter Moses-Krause. Mit einer Einleitung von Heinz Knobloch und Zeichnungen von Wolfgang Würfel. 72 Seiten. Engl. Broschur mit Fadenheftung. ISBN 3 931109 07 0 [Herbst 2001]

Erschienen im Verlag Das Arsenal [in 10589 Berlin-Charlottenburg, Tegeler Weg 97] Erhältlich in jeder guten Buchhandlung.